Karsten Bredemeier

Der Rhetorik-Code
Orientierungsgebend – ergebnissichernd

KARSTEN BREDEMEIER

Der Rhetorik-Code

Orientierungsgebend –
ergebnissichernd

orell füssli Verlag AG

Dr. theol. Karsten Bredemeier ist Topmanagement-Berater,
Coach und Professor am Institut für Wirtschaftswissenschaft,
Management und Marketing der EuroSwiss Universität,
Neuhausen (Schaffhausen, CH).

Im Wolfsgarten 4, D-53819 Neunkirchen
dr-bredemeier@t-online.de
www.dr-bredemeier.de
Direkte Hotline 0049 (0)172 240 4444

www.EuroSwissUniversitaet.ch

© 2007 Orell Füssli Verlag AG, Zürich
www.ofv.ch
Alle Rechte vorbehalten

Umschlaggestaltung: Andreas Zollinger, Zürich
Druck: fgb • freiburger graphische betriebe, Freiburg i. Brsg.
Printed in Germany
ISBN 978-3-280-05241-9

Bibliografische Information der Deutschen Bibliothek
Die Deutsche Bibliothek verzeichnet diese Publikation
in der Deutschen Nationalbibliografie; detaillierte
bibliografische Daten sind im Internet abrufbar über:
http://dnb.d-nb.de

Inhalt

5

Ein Wunder zu erleben, ist ein Riesengeschenk.

Ich erlebe bereits drei:

Einen faszinierenden Beruf als Top-Berater
und -Trainer mit vielen interessanten, langfristigen
Kundenbeziehungen.

Verlässliche Partner in den gemeinsam
gegründeten Unternehmen und kompetente
Kollegen an der EuroSwiss Universität.

Eine tolle Familie, mit dir, Kerstin, einer wunder-
baren Frau, und mit euch Kindern, Anik und Josh,
an meiner Seite.

Danke.

Ihr/euer
Karsten Bredemeier
Neunkirchen, Januar 2007

Ein schlechter Redner ist derjenige, der durch Länge seiner Ausführungen den Mangel an inhaltlicher Tiefe kompensieren möchte...

Ein guter Redner ist derjenige, der bei der Beschreibung der einzelnen Schichten einer Zwiebel und der sukzessiven Entschälung das Publikum zum Weinen bringt...

I. Vorbemerkungen

Die Krankheit der heutigen Rhetorik ist die Über-
schreitung des ewigen Rhetorik-Codes.
«Wenn die deutsche Sprache so bleiben sollte, wie
sie ist, müsste man sie sanft und ehrerbietig bei den
toten Sprachen ablegen, denn nur die Toten haben
Zeit, sie zu lernen.»

Zitat abgewandelt nach Mark Twain:
«Die schreckliche deutsche Sprache»

Small Talk ist ein seichtes Plaudern über Belanglosig-
keiten oder Binsenweisheiten – abgeleitet vom latei-
nischen «plaudere»/Beifall klatschen.

Professionelle Kommunikation hingegen unterliegt
knallharten Regeln, damit sie Orientierung gibt und
Ergebnisse sichert – bei Präsentationen, Vorträgen, in
Konferenzen oder auch bei Medienauftritten.

Merkwürdigerweise wird das oft vergessen.

Die Folgen: Sprachliche Relativierungen, geistige
Bankrotterklärungen und verbale Inkompetenzerklärungen verwischen diese Orientierung und stellen
als verbale Insolvenzanträge die Ergebnisse beim Zuhörer in Frage.

Vielfach ist der Gesprächspartner sich dessen noch
nicht einmal bewusst, sondern ihm drängen sich
unter- oder mitbewusst Fragezeichen während der
Vortrags- oder Gesprächssequenzen auf. Diese emp-
fundenen Störungen eskalieren in der Nachbetrach-

tung oder sogar während der Kommunikationssequenzen und verwässern die Ergebnisse sowie
deren Akzeptanz.

Das alleinige Feedback ist häufig nur das Heben
oder Senken des allmächtigen Diktators, des Zuhörers
oder Gesprächspartners.

> Die Kommunikationsliteratur und -trainings der Moderne
> verkomplizieren die modernen Kommunikationsmuster, die
> zu vereinfachen sind.

Der *Rhetorik-Code,* der orientierungsgebend und ergebnissichernd sprachliche Performance reflektierend
absichert, fußt auf modernen neurolinguistischen
Erkenntnissen und aktuellen soziopsychologischen
Resultaten.

Moderne Gehirnforschung und die Erkenntnisse
der aktuellen Medizinforschung unterstreichen die
Verarbeitung der Informationen beim Rezipienten.

Bei Beachtung dieser Regeln gelingt die psycholo-
gische Verankerung der Fakten und Daten garantiert.

Schluss also mit verbalen Insolvenzanträgen – lesen und befolgen Sie diszipliniert die Regeln des ent-
schlüsselten *Rhetorik-Codes.*

Dieses Buch ist deshalb für diejenigen geschrieben,
die ihre Zeit konsequent verwenden, um sprachliche
Performance zu optimieren und Überzeugungsarbeit
zu leisten. Es stellt komprimiert alle wesentlichen
Tipps und Regeln zusammen.

Sie sind so weit als nötig mit wissenschaftlichen
Erklärungen unterlegt, die eine eindeutige Orientierung geben. Gleichzeitig wird damit das Informations-

wirrwarr verschiedener Kommunikations- und Seminarstile durch Reflektion entrümpelt.

Polarisierende Ansätze sind durch das Abwägen von Nach- und Vorteilen aufgehoben.

Dabei setzt der Autor die Grundregeln des Rhetorik-Codes konsequent um.

Neue Erkenntnisse der (Sozio-)Psychologie

Psychologie ist eine Wissenschaft, die uns über den Menschen und sein Sozialverhalten, die jeder unterschwellig kennt, in einer Sprache belehrt, die kaum jemand versteht. Sie ist eine Therapie und Philosophie zugleich – nach dem gedanklichen und zu verantwortenden Sündenfall.

Egal, was Sie verkaufen oder vermitteln – häufig kann die schlichte Information durch den Rezipienten in verschiedenen Situationen nicht verifiziert oder falsifiziert, also weder positiv noch negativ bewertet werden. Wenn Ihr Gegenüber aber im persönlichen Kontakt (auf der «Kontaktschiene») emotional mehrfach zum «Abnicken» gelangt, vermindert sich seine Skepsis und die emotionale Akzeptanz des Gehörten steigt überproportional an. Dieses emotionale «Abnicken» ist unter anderem über

- neurolinguistische,
- attributive Aussagen,
- konsensbasierte Formulierungen,
- kommunikative Transferformulierungen,
- und linguistische Ausdifferenzierung
  nachhaltig steuerbar.

Dieses arbeiten wir in den einzelnen Schwerpunkt-
themen umsetzungsorientiert auf.

Aktuelle Gehirnforschungsergebnisse

*«Das Gedächtnis arbeitet wie ein Netz – zieht man es
aus dem Bach, so ist es voller Fische, aber Tausende
Liter Wasser sind durchgelaufen, ohne hängen zu
bleiben.»*

Oliver Wendell Holmes

Einige wichtige Erkenntnisse der aktuellen Gehirnforschung und der Informationsverarbeitung sind
punktuell zusammengefasst. Zum Teil sind bisherige
Erkenntnisse bestätigt, andere jedoch revidiert oder
relativiert. Das Wichtigste in Kürze:

- Die *Wiederholung von wichtigen Botschaften* stellt
  im episodischen, semantischen und Arbeitszeitgedächtnis die Verankerung dieser Botschaften
  sicher (Vermeidung von Kurzzeit-Transienz / Ver-
  gesslichkeit).
- *Protokollführung* begrenzt spätere transienziell
  bedingte Interpretationsspielräume.
- Begrenzen Sie den entstehenden Interpretationsspielraum des *retrospektiven Erinnerns* durch bewusste Verankerung von Botschaften im prospekti-
  ven Gedächtnis, welches zeit- und ereignisorien-
  tiert Ereignisse gesichert abspeichert.
- In unserem *Repräsentationssystem* des Erinnerns
  speichert sich eine reine phonetische Aussage
  («Mein Name ist Peter Becker») nur ab, wenn wir
  diese Aussage zusätzlich verankern. Die visuelle

Repräsentation («Ich arbeite als Bäcker») eröffnet eine visuelle Repräsentanz der Erinnerung, da sich assoziativ «Brot backen», «Backraum» verankern («baker-baker»-Phänomen).

- Die Speicherung von Informationen erfolgt meist nachhaltig über das Repräsentationssystem und verschiedene Repräsentationstypen, womit gewährleistet ist, dass wir Informationen wiedergeben können, ohne durch das *Zungenspitzen-Phänomen* («It's on the tip of my tongue») blockiert zu sein.

- *Memotechnik* (also die Technik des bewussten, programmierten Erinnerns) hat deutliche Grenzen, denn die Erinnerungsabrufe erfolgen nur nach vorheriger, individueller Abspeicherung der Informationen.

- *Blackouts* oder sonstige Abrufhemmungen sind über Reprogrammierung und andere Muster aufhebbar und führen zum geistigen «Wiedereinstieg entlang dem roten Faden».

- *Erinnerungen* an bisherige Ereignisse oder auch Geschäftsprozesse *sind* beim wiederholten Aufruf derselben korrigierbar oder mittels Suggestion *veränderbar*. Wiederholt geäußert verfälschen sich die scheinbaren Erlebnisse im Gedächtnis und münden in der *Imagination* – Sie glauben selber an das, was Sie erzählen, auch wenn es sich anders verhalten hat.

- *Dissonanzreduktionen* erklären kognitive Dissonanzen (sich nicht zwischen zwei Dingen entscheiden zu können) – im Nachhinein erklären Personen die gefällte Entscheidung durch Übertreibungen und überdecken somit plausiblen Entscheidungsnotstand durch überspitzte Erklärungen («Erinne-

rungsblindheit» bei Entscheidungs- oder Wahrneh-
mungsprozessen).

- *Suggestibilität* (Beeinflussung) erklärt sich durch
  späteres Aufarbeiten der Erinnerung mittels attri-
  butiver/bewertender Fragestellung.

Der Unterschied zwischen Manipulation und aktiver
Gesprächsführung basiert auf einer entscheidenden
Kleinigkeit.

Die Muster, Mittel, Instrumente und Techniken
sind dieselben – *der Unterschied ist die Absicht. Und
diese ist subjektiv.*

Das Informationshandicap

Eine halbe Wahrheit ist dennoch eine ganze Lüge.

*Sagen Sie immer die Wahrheit, aber nicht immer die
ganze Wahrheit. Denn eine gute Rede erschöpft nicht
den Zuhörer, sondern das Thema.*

«Wahrheit ist doch nur was für Idioten»
Zeile eines aktuellen Pop-Songs

Unsere Zeit ist geprägt von einer Überfülle auf uns
einströmender Informationen. Dabei leben wir in
komplexen und komplizierten (Sozial-)Systemen, die
durch diese Informationen durchschaubar und von
ihnen zusammengehalten sind.

Das, was ein Mensch im 17. Jahrhundert im Laufe
eines ganzen Lebens an Informationen auf sich ein-
strömen sah, finden wir heute vergleichbar in der

Wochenendausgabe der «New York Times» und der Montagsausgabe des «Focus».

Eine «Tagesschau» am Abend filtert die rund 20 Einzelbeiträge aus etwa 2 000 vorliegenden Nachrichten; die entsprechenden Bilder oder Filmausschnitte entstammen einer Auswahl von über 20 000 möglichen Sequenzen.

Ihr *Handicap* der Zungenfertigkeit in der Business-Kommunikation ist in der Problemlage ähnlich: Je tiefer Sie in einer Thematik stecken, desto schwieriger ist die Fokussierung auf das Wesentliche.

Überlassen Sie den Fluss Ihrer Worte den assoziativen Gedanken, so springen Sie, einer eigenen Logik folgend, vom Hölzchen aufs Stöckchen, verlieren aber dabei in der Komplexität und Unmöglichkeit, Ihre Aussagen richtig zuzuordnen, den Gesprächspartner oder das Auditorium. Während Sie einen Gedanken aussprechen, strömen unzählige Assoziationen auf Sie ein. Als Faustregel gilt, dass Sie mindestens fünf Gedanken gleichzeitig während des Sprechaktes verarbeiten und unzählige weitere Informationsbits zwischen den Synapsen Ihres Gehirns kurzgeschlossen sind.

Es entsteht ein gedanklicher GAU und damit auch häufig der verbale Kollaps, wenn Sie die Informationen nicht gemäß den Regeln des Rhetorik-Codes eindeutig ordnen und prägnant strukturieren.

Hinzu kommt, dass wir sieben- bis achtmal so schnell sprechen (können), wie der Zuhörer die gehörten Informationen verarbeitet.

Die Komplexität der Informationen wächst proportional durch weitere Einflüsse, sobald noch *Parallelprozesse* (beispielsweise Powerpoint-Präsentationen) oder störende und ablenkende Einflüsse im Umfeld dazukommen.

Also erfordert der richtige Sprechakt anfangs eine disziplinierte Vorbereitung, ein kontinuierliches Einhalten der Grundregeln sowie eine strukturierte Vorgehensweise in der Aufbereitung Ihrer Informationen, Daten und Fakten.

Sobald sich dieser Prozess eingeschliffen hat, gelingt auch der assoziativ-spontane Redeakt, da das Gehirn aufgrund der verankerten Muster den Sprechakt kontrolliert und die Aussagen systematisiert.

Sie greifen dabei auf bereits vorgefertigte Argumentationsmuster zurück, die im Kurzzeitgedächtnis gespeichert sind.

*Eine Schallmauer ist die natürliche Barriere, die
das Publikum automatisch zwischen sich und einem
schlechten Vortragenden errichtet.*

*Eine erstklassig konzipierte Rede beantwortet Fragen,
bevor diese sich dem Publikum gestellt haben!*

II. Erstklassige Vorbereitung

*Sprachliche Stellungnahmen sind im Business
Positionsvorgaben des Redners.*

*«Du bist der Herr deiner Worte, aber einmal ausge-
sprochen, beherrschen sie dich.»*

Sprichwort aus Schottland

**Gehen Sie Schritt für Schritt vor – hier ist die optimale
Vorgehensweise.**

1. Formulieren Sie Zieldefinition, Kernbotschaft und Appell
   ausführlich und laut in der Vorbereitungsphase für die
   anstehende Gesprächssequenz oder den Vortrag.
2. Entwickeln Sie daraus Ihren Text, indem Sie diesen laut
   formulierend niederschreiben.
3. Überarbeiten Sie diesen nochmals konsequent mit den
   Grundregeln des Rhetorik-Codes (ab Seite 33ff.).
4. Lesen Sie den ganzen Text mehrfach laut und langsam
   vor. Dadurch entsteht Ihr «wording», Ihre Sprachregelung,
   die sich im Unterbewusstsein abrufbar verankert (es ist
   eine Programmierung unter Einbeziehung phonologischer
   Schleifen).
5. Verkürzen Sie den Volltext dann auf Stichworte, die die
   Textpassagen dann für Sie strukturiert abrufbar speichern.
   Diese sind Repräsentanten der vorher erarbeiteten
   Textversatzstücke, die Ihr Unterbewusstsein dann dem
   einzelnen Stichwort abrufbar zuordnet.

6. Lernen Sie Einstieg, Kernbotschaft und Appell auswendig. Der erste Eindruck ist entscheidend, der letzte bleibt nachhaltig haften.
7. Sprechen Sie dann den Text mithilfe der Stichworte langsam durch. Sobald Sie einen Hänger bemerken, lesen Sie den Volltext nochmals langsam und laut durch.
8. Üben Sie so lange, bis Ihr Vortrag oder die Gesprächssequenzen sitzen.

«Der Unterschied zwischen einem Amateur- und einem Profiorchester besteht im Üben!»

Kurt Masur, Dirigent

Diese optimierte Vorgehensweise empfiehlt sich für Gesprächssequenzen, Präsentationen, Vorträge in unterschiedlichen Situationen – beispielsweise vom Interview über das Bewerbungsgespräch, von der Projektpräsentation bis zum Börsengang.

Ihr Vorteil: Es entstehen für das Kurz- und das Langzeitgedächtnis durch diese methodische Vorbereitung gespeicherte und abrufbare Argumentationsversatzstücke, die Ihnen leicht beim nächsten Auftritt über die Zunge gehen.

Dieses Phänomen kennen Sie übrigens von den argumentationsstarken Politikern. Diese thematisieren einen politischen Denkansatz erstmalig im kleinen Freundeskreis, dann auf der Gemeindeebene, danach auf der Kreisebene, kurz darauf auf der regionalen Ebene, wenig später auf der Landes- und anschließend auf der Bundesebene. Argumentationssicher sitzen sie dann in der Talkshow zur Prime Time.

Anders einige Topmanager – sie denken eine Argumentation an, setzen sich direkt in die Talkshow und erfahren dort: Das «*wording*» sitzt nicht; eine katastrophale Selbstdarstellung und der eigenen Sache ist die Folge.

Wer in Gesprächsrunden lediglich Fragen beantwortet, gibt die Gesprächsführung ab und verzichtet damit auf seine eigene Botschaft.

So etwas passiert natürlich auch Politikern, so geschehen im Januar 2002 dem damaligen Kanzlerkandidaten der CDU/CSU, dem bayrischen Ministerpräsidenten Dr. Edmund Stoiber, der versuchte, sich bei Sabine Christiansen den Deutschen zu verkaufen. «Ein Mann», so der «Spiegel» in seiner Titelstory Anfang Februar, «der Hilfe braucht»: «... Das heißt also Absenkung des Nach..., des, des, des, des, des, na des, des Alters, des Alters der Kinder, wenn sie, des Nachzugsalters; dann kommt der fünfte Punkt, und der sechste Punkt kommt dann sicherlich, die Fragen gleichge..., äh, nicht gleichgeschle..., sondern, äh, ob ich auch, äh, äh, Asylgründe schaffe außerhalb der politischen und der rassistischen Verfolgung, also auch Gründe, äh, wenn aus, wenn, wenn andere Gründe sozusagen, also aus dem Geschlecht oder Ähnlichem, äh, stattfinden, also wenn Frauen, die irgendwie wegen ihres Frauseins irgendwo verfolgt werden.»

Herr Stoiber sprach Frau Christiansen außerdem mit «Frau Merkel» an, er wirkte mehrfach, als sei er von der (ganzen) Rolle. Hier verkaufte sich vergeblich der Anwärter auf die Kanzlerschaft, aber er hatte ein klares Skript, so meine Interpretation, er verließ sich auf seine umfangreichen Kenntnissse und Informationen, getragen durch Assoziationen. Für den Zuschauer war keine klare Botschaft erkennbar – er scheiterte. Selbst wer hier genau hingehört haben mag und analytisch interpretierte – auch dem blieb die Botschaft verborgen.

Der sprachliche Kollaps gipfelte in der medialen Berichterstattung. Das Magazin «Stern» titelte süffisant unter den Bildern der Kandidaten, unter den Bildern von Stoiber und Schröder: «Äh oder ich?»

Das Dilemma zeigte sich auch in der Gesprächsstruktur: Stoiber bemühte sich redlich, jede Frage zu beantworten, und verlor dabei seine eigene «*message*».

Viele Unterbrechungen und Zwischenfragen der Moderatorin nahm er direkt auf, baute diese Antworten in seine Argumentationsgänge ein, doch darunter litt die Struktur. Es entstand eine babylonische, bajuwarische Sprachverwirrung.

Prägnante Zieldefinition

«Die prägnante Zieldefinition zu finden, ist das Wiedererfinden des Ursprungs für den Redeakt.»
Frei nach Paul Claudel

Bilden Sie sprachlich in der Vorbereitungsphase Ihr Ziel
- realistisch in der Zielerreichung,
- überprüfbar in den Ergebnissen,
- sauber abgestimmt auf Ihren Gesprächspartner oder das Auditorium

mit einem deutlichen Ergebnis als Endpunkt ab.

Medizinisch betrachtet

Nehmen Sie dabei das zu erreichende Ziel bereits in der Formulierung desselben vorweg. Die moderne Medizin weiß, dass das körpereigene Steuerungssystem (Endocannabinoid-System) bei solchen Vorgängen positive Botenstoffe produziert, die diese Zielerreichung sicherstellen und unterstützen *(Positve Emotional Attraction – PEA)*.

Anders ist es, wenn Sie sich auf Ihre Schwächen, Versagensängste oder mögliche Fehlleistungen konzentrieren *(Negative Emotional Attraction – NEA)*.

Ihre Atmung beschleunigt sich extrem, Ihr Blutdruck steigt, die Nervosität füllt Sie aus, negativer Stress, so genannter Dystress blockiert Ihre Zielerreichung. Das endocannabinoide System schlägt negativ zu – körpereigene Substanzen blockieren Sie.

Dieses körpereigene System kennt die Medizin nun seit etwa zehn Jahren, und erst langsam entstehen Medikamente, die direkt in die Steuerung eingreifen. Sie sollten aber nicht darauf bauen, sondern auf den Rat von William James, einem der amerikanischen Mitbegründer der modernen Psychologie: «Tue so, als ob du bereits am Ziel bist, und du wirst dort angelangen!» (Film-Methode)

Psychologisch betrachtet

Spitzensportler legen sich in der Vorbereitung im Unterbewusstsein den Rennverlauf oder den Matchablauf abrufbar an, damit er «automatisiert» vorhanden ist (Programmierung). Ein Bobfahrer bildet sich vor der Fahrt die Ideallinie ab, damit er während der Fahrt diese automatisiert ansteuert.

Lance Armstrong, Tourlegende und über Jahre hinweg bis zu seinem Rücktritt der erfolgreichste Rennradfahrer der Welt, fokussierte sein Ziel entsprechend: «Nach diesem siebten Toursieg trete ich zurück.»

Faktizierend betrachtet

Die Formulierung des Ziels unterliegt den Grundregeln der *faktenschaffenden* (faktizierenden) Sprache und trägt den neurolinguistischen Erkenntnissen Rechnung, dass nämlich klare Ansagen sich nachhaltig beim Zuhörer verankern.

Negatives Beispiel:
«Nach meiner hoffentlich gelungenen Präsentation möchte ich zum Abschluss der Sitzung, wenn möglich, das ‹Go!› als bewerbender Projektleiter für das neue Projekt durch den dann vielleicht überzeugten Vorstand eventuell direkt bekommen!»

Positives Beispiel:
«Nach der überzeugenden Präsentation habe ich zum Abschluss der Sitzung das ‹Go!› als Projektleiter für das neue Projekt durch den Vorstand herbeigeführt!»

Professionelle Kernbotschaft

Botschaften sind Bollwerke gegen Nebensächlichkeiten. Es gibt nur eine Chance für eine erstklassige Kernbotschaft – nutzen Sie diese!

Rund 95 Prozent dessen, was Sie sagen, sind nach einer Stunde dem Zuhörer in den Details entfallen.

Das, was hängen bleibt, ist oftmals nur eine Assoziation und ein undifferenzierter Gesamteindruck, das, was der Rezipient glaubt, verstanden zu haben. Verankern Sie also auf jeden Fall Ihre Kernbotschaft. Das ist am einfachsten, wenn Sie diese vor der Begrüßung dem Auditorium implementieren.

Der *erste Satz* hat die höchste Aufmerksamkeit; vertun Sie diese nicht mit der Begrüßung, sondern schicken Sie dieser die *Kern*botschaft voraus.

Ihre Kernbotschaft unterstreicht die eigene Positionsvorgabe, begründet sich durch den Status quo und bildet Ihren Erfolg ab.

Kernbotschaft mit drei wegweisenden Faktoren

1. Der Name des Unternehmens oder des Produktes wird prominent genannt – damit die Kernbotschaft diesem in der Erinnerung zugewiesen bleibt.
Denken Sie an den Slogan «Audi – Vorsprung durch Technik!» oder: «Nichts ist unmöglich: Toyota!»
Hier handelt es sich um Werbeslogans, aber um erfolgreiche Werbeslogans.
Anders bei dem Slogan: «... und fährt wie auf Schienen» – hier hat Opel Millionen versenkt, da dieser Slogan Audi, BMW oder auch ironischerweise der Deutschen Bahn zugeschrieben wurde, aber nur von wenigen dem richtigen Unternehmen, nämlich Opel.
2. *Diese Kernbotschaft fasst die Basis des Gespräches oder der Redesequenz prägnant zusammen* (Ein-Satz-Prägnanz).

3. *Die klare Positionsvorgabe erfolgt durch Adjektive und Adverbien (Bewertung), die letztlich die Positionsvorgabe ausmachen.*

   Gerne diskutieren wir dann auf Basis dieser kommunikativen Wagenburg.

Ein Tipp: Die höchste Aufmerksamkeit bei einem Vortrag oder einer Präsentation besteht am Anfang. Verankern Sie hier bitte direkt Ihre Kernbotschaft!

Über die attributive Nomenergänzung «Wir, die Arcor AG» streichen Sie die Beziehung vom anonymisierten Unternehmen zu Ihrer Person deutlich heraus. Ordnen Sie die Begrüßung nach.

Beispiel:

Betreten der Bühne — Positionierung — Blickkontakt deutlich herstellen

«Wir, die Arcor AG, sind unter den alternativen Telekommunikationsdienstleistern die absolute Nr. 1 und damit Ihr zuverlässiger Partner!

Meine Damen und Herren, herzlich willkommen zu unserer XX-Veranstaltung! ...»

Alterozentrierter Appell

Appelle im Sprechakt sind auf die Denk- und Handlungsschiene gesetzte, entscheidungsweisende Beurteilungsvorgaben für das Gegenüber.

Appelle in der Rede sind Ausblendungen falsch verstandener Eitelkeiten. Eitelkeiten sind die Folge der Illusion, Sie erregten ohnehin irgendjemandes Aufmerksamkeit. Stellen Sie diese Aufmerksamkeit sicher – im Interesse Ihres Rede- oder Gesprächsbeitrages!

Der auf den Gesprächspartner oder das Auditorium ausgerichtete Appell (Handlungs-, Denk- oder Gesprächsaufforderung) formuliert die beabsichtigten oder gewünschten Folgen oder Konsequenzen für das Gegenüber (Alterozentrierung).

Gegen den vergeblichen Versuch, in einem blinden Spiegel mit sich selbst zu kokettieren, sichern Ihre alterozentrierten Appelle Ihnen den Dialog, auch im Monolog zu Zuhörern!

Appelle sind direkte Aufforderungen, die sich auf die präsentierten und dargestellten Inhalte beziehen. Sie beantworten die Fragen des Gegenübers:

- «Was geht das Ganze mich an?»
- «Wie profitiere ich davon?» *(Karl Marx)*

Negatives Beispiel:
«Ich hoffe, dass ich Ihnen aufzeigen konnte, wie und ob Sie von unserem umfassenden Know-how des Datentransfers profitieren können, und dass Sie dabei sogar vielleicht 30 Prozent Ihrer zurzeit anfallenden Kosten einsparen.»

Positives Beispiel:
«Profitieren Sie von unserem umfassenden Know-how des Datentransfers und sparen Sie dabei 30 Prozent Ihrer zurzeit anfallenden Kosten nachhaltig ein!»

Ein weiterer, wertvoller Tipp: Damit Ihr Publikum oder Gesprächspartner bereits von Beginn der Rede auf Empfang ist, kehren Sie den Mehrwert der Rede nach der Kernbotschaft heraus.

Beispiel:
«Ich zeige Ihnen nun die entscheidenden Umsetzungskriterien für diesen Erfolg unserer klaren Strategie auf, gleichen Sie diese mit Ihrer bewährten Vorgehensweise ab!»

Fehler können jedem Redner unterlaufen, aber Profis wissen damit umzugehen.

Rhetoriktrainer sind Menschen, die sich ihr Brot im Angesicht des Schweißes anderer verdienen.

III. Der Rhetorik-Code –
die 10 Grundregeln

Der Sieg über die Angst vor dem Versagen ist
der Redeerfolg.

Im Anfang steht die professionelle Botschaft, sie ist
der Grundstock für Ihren Redeakt.

Die Voraussetzung

Gemäß der optimalen Vorbereitung haben Sie Ihre
- prägnante Zieldefinition,
- die professionelle Kernbotschaft und
- den alterozentrierten Appell gesetzt.

1. Regel: Die Basis
– aus der De- in die Kontextualisierung

Dass Sie als Vorstand oder Projektleiter ein Jahr vorher und ein Jahr hinterher einen Top-Job machen, ist
dann ein Fakt, wenn Sie dies bei der ausschlaggeben-
den Hauptversammlung oder Konferenz auch nachhaltig vermitteln.

Vorträge oder Reden, Gespräche oder einfache Sequenzen sind Momentaufnahmen, die geleistete Arbeit
und Denkansätze ins Endliche, auf die Entscheidung
fokussieren.

Stellen Sie den Zusammenhang / Kontext bei jedem Redebeitrag in den Vordergrund, bereiten Sie damit die Basis zum Verständnis Ihres Gegenübers (Kontextualisierung).

Das Publikum versteht die Rede eines Vorstandsvorsitzenden über die Neuausrichtung in der strategischen Positionierung nur dann, wenn es diesem gelingt, den Verständnishorizont für alle einordbar zu gestalten.

Beispiel eines Bankers:

«Bevor ich Ihnen die Neuausrichtung in unserer Strategie im Einzelnen erläutere, vergegenwärtigen Sie sich bitte, dass wir in unserer Bank 74 000 hoch qualifizierte Mitarbeiter beschäftigen, die sich auf das Firmenkundengeschäft in den unterschiedlichen Facetten professionell fokussieren. Diese Strategie ist erfolgreich, wir sind europaweit die Nummer eins. Aber der Markt verändert sich, der Wettbewerb ist aggressiver. Um die Arbeitsplätze nachhaltig abzusichern und die vorzügliche Rendite von 9 Prozent nochmals zu steigern, ergänzen wir entgegen bisheriger Aussage unsere Leistungspalette um das hochprofitable Privatkundengeschäft. Dieses beschert uns in der Bank ein profitables Wachstum und verstärkt unsere Kundenbindung.

Im Einzelnen …»

2. Regel: Faktizierende Sprache

Sprachliche Performance zur Orientierungsgebung und Ergebnissicherung erwächst aus der Sprachhygiene der Botschaften.

Faktizierende Sprache begrenzt den Interpretationsspielraum beim Zuhörer auf null!

Verbale Inkompetenzerklärungen, sprachliche Relativierungen und geistige Bankrotterklärungen verwässern Standpunkte und Aussagen, sie sind Sargnägel der Formulierungskunst. Die Verarbeitung einer relativierten Information wirft beim Rezipienten Fragen auf und verankert im Unterbewusstsein anhaltende Zweifel.

Entmüllen Sie orientierende Kommunikationssequenzen. Schaffen Sie Fakten, verwenden Sie faktizierende Sprache. Unterstreichen Sie Ihre Aussagen, indem Sie präsentisch formulieren.

Vermeiden Sie entpersonalisierte und «Man»-Boschaften

Statt: «Diese Daten lassen sich wie folgt bewerten ...»
Nun: «Diese Daten sagen Folgendes aus ...»

Statt: «Man sollte hier mit einer ausgefeilten Strategie gegenarbeiten ...»
Nun: «Wir arbeiten hier mit einer ausgefeilten Strategie gegen ...»

Vermeiden Sie relativierende «Verbalpölsterchen»

Streichen Sie die Visitenkarten der Hoffnung der Grenzwanderung zwischen «leichtsinniger Gewissheit und verzagtem Unglauben» *(Ludwig Marcuse)*.

Streichen Sie zur Orientierung und Ergebnissicherung Worte wie: «eigentlich», «wahrscheinlich», «einigermaßen», «eventuell», «vielleicht» …

> Statt: «Hier setzen wir vielleicht einen wegweisenden Trend!»
> Nun: «Hier setzen wir einen wegweisenden Trend!»

Vermeiden Sie Konjunktiv-Aussagen mit «können», «wollen», «möchten» und «müssen»

Konjunktiv-Aussagen oder argumentative Wunschvorstellungen, die mit «können», «wollen», «möchten», «müssen» verbunden sind, stellen Fakten in Frage und relativieren die Aussage.

> Statt: «Wir wollen diese Strategie umsetzen!»
> Nun: «Wir setzen diese Strategie konsequent um!»

Vermeiden Sie anonymisierende Botschaften

Durch das allgegenwärtige «man» betreiben Sie Kaffeesatzlesereien vor Ihrem Publikum, ohne dass sich jemand angesprochen fühlt. Schaffen Sie Fakten!

> Statt: «Man sollte berücksichtigen ...»
> Nun: «Es ist berücksichtigt ...» oder: «Wir berücksichtigen
> dabei!»

Vermeiden Sie Glaubenssätze als Zeichen der Möchtegern-Kompetenz

Streichen Sie verbale Hoffnungsträger wie beispielsweise «Ich denke», «Wir gehen davon aus», «Wir versuchen», «Es bestände die Möglichkeit», «vermuten», «hoffen» ... – solche Formulierungen stolpern der tiefen Überzeugung und dem kompetenten Wissen voraus.

Konzentrieren Sie sich auf Fakten.

Gegebenenfalls demonstrieren Sie Überzeugung durch faktengestützte Einschübe wie «Die Marktanalyse bestätigt uns ...»

> Statt: «Ich denke, wir können diesen Markt besetzen!»
> Nun: «Wir besetzen mit unseren neuen Produkten diesen
> Markt systematisch!»

Schluss mit scheinbaren «rhetorischen Fragen»

Rhetorische Fragen benötigen keine Antwort, da sich die Antwort aus dem Kontext bereits erschließt und erübrigt.

Fragen wie «Was bedeutet das nun für unsere Strategie?!» sind W-Fragen.

W-Fragen/Informationsfragen stellen Sie bitte nur, wenn Ihr Informationsdefizit aufzufüllen ist oder Sie das Gegenüber abfragen wollen (macht ihn gegebenenfalls sauer), doch streichen Sie diese für eine scheinbare Dramaturgie. Denn der Zuhörer ist gewohnt, auf Fragen zumindest unterbewusst zu antworten – die Antwort ist jedoch Ihr Vortrag oder die entsprechende Gesprächssequenz.

Behalten Sie gerne Ihre Fragen bei, allerdings in einem anderen Kontext. Es sind Argumentationstreiber in der Moderation.

Im Gespräch mit Kindern lernen wir, auf Fragen zu verzichten, da diese kontraproduktiv einen Dialog fördern, statt klare Ansagen zu platzieren: «Möchtest du eine Jacke anziehen?»

Einfacher: «Zieh bitte eine Jacke über! Am besten die leichte Jeansjacke.»

Einen Moment …

Frage- und Rufzeichen

Ein Fragezeichen sollte sich nicht in ein Rufzeichen verlieben, aber es geschah. Vielleicht, weil sich Gegensätze anziehen, vielleicht weil das etwas pummelige Fragezeichen einfach für alles schwärmte, was schlank ist. «Liebst du mich?», fragte erwartungsgemäß das Fragezeichen das Rufzeichen. «Ja», donnerte es zurück, dass das Fragezeichen vor Schreck erzitterte. «Warum musst du so brüllen?», fragte das Fragezeichen. «Ich brülle nicht», sagte das Rufzeichen, «ich betone nur!» «Und willst du auch Kinder?», fragte das Fragezeichen kleinlaut. «Ja, aber nur solche, die sich klar ausdrücken», sagte das Rufzeichen, «die deutlich

sprechen und nicht dauernd alles in Frage stellen – diese
ewige Fragerei würde mir ganz schön auf die Nerven gehen.»
«Aber die Intelligenteren sind doch die, die alles in Frage
stellen», erlaubte sich das Fragezeichen einzuwenden.
«Was heißt hier Intelligenz», brüllte das Rufzeichen,
«meine Sache ist es, alles zu betonen, was betont werden
soll, das ist meine Pflicht! Wie es vielleicht deine ist, zu
fragen!» «Was heißt hier Pflicht?», sagte das Fragezeichen,
krümmte den Rücken und zeigte wie eine Schwangere den
Bauch: «Was du betonst, ist Vergangenheit, ist bestenfalls
Gegenwart, ich aber trage die Zukunft in mir.»

(Franz Achleitner aus Cornelsen, «Deutsch
für die gymnasiale Unterstufe», 6. Klasse NRW, S. 138)

Im Rhetorik-Code gilt: *Fragen werfen Fragezeichen auf,*
Botschaften sind faktizierende Aussagen.

Streichen Sie konsequent Fragen aus Ihren Vorträgen, ersetzen Sie diese durch klare Botschaften.

Und prägnante Aussagen verankern Botschaften
nachhaltig. Fragen stellen wir, um Informationsdefi-
zite oder Abfragen zu gestalten, beides stößt beim
Rezipienten sauer auf. Paradoxerweise soll er dann
noch – statt wie gewohnt auf Fragen antworten zu wollen – besonders aufmerksam zuhören – ein geistiger
Salto mortale.

Statt: «Was heißt das nun für die Umsetzung der Strategie?»
Nun: «Das heißt für unsere zielgerichtete Umsetzung der
Strategie ...!»

Schluss mit (geografischen) Sprachmarotten

Im Unterbewusstsein verankern sich bei den häufig kaum bewussten Sprachmarotten kleine Fragezeichen. Das ist schade, vor allem, wenn die Botschaft eigentlich stimmig ist.

Als der damalige Kanzlerkandidat Edmund Stoiber im Januar 2002 in seinem Interview bei Sabine Christiansen diese konfus mit «Frau Merkel» ansprach, ging seine Souveränität auch angesichts der vielen «Ähhhs» flöten (siehe auch Seite 23).

Diese Unsicherheit hat Folgen, wie sich schon viele Jahre zuvor beim legendären Fernsehduell zwischen Richard Nixon und John F. Kennedy zeigte: Nixon hatte eine schweißbedeckte Stirn, wendete den Blick mehrfach ab, war schlecht rasiert und wirkte übermüdet.

- Halten Sie den Blickkontakt konsequent?
- Sprechen Sie bei Ihren Kernaussagen oder während der Gesprächssequenzen ohne Druck öfter einmal verbale Denkpausen («ähh», «ne», «woll» usw.) aus?

Lernen Sie den richtigen Sprechrhythmus.

Benutzen Sie präsentische Formulierungen, schaffen Sie dadurch Fakten

Sprachlich ist das «Hier und Jetzt!» zu erfassen, der Kairos. Präsentische Sprache bildet das bereits Passierende ab. Dies erreichen Sie im Englischen einfacher, da das «We are doing» das bereits eingetretene Tun implizit in der Sprache abbildet. Die deutsche Sprache ist in diesen Sprachfeldern umständlich: «Wir sind dabei, die Strategie umzusetzen!»

Oder mit einem Kunstgriff, indem Sie das Ergebnis in der sprachlichen Formulierung vorwegnehmen:

3. Regel: Positive Formulierungen

Unser Gehirn verarbeitet nur positive Botschaften eindeutig und direkt. Streichen Sie Nicht-Botschaften oder paradoxe Interventionen, Botschaften also, die anders ankommen als gesagt.

Das Gehirn nimmt nun das Reizwort Blau auf – der Zuhörer muss diesen Anker aber vergessen und das Gegenteil denken. Es funktioniert nicht.

Also formulieren Sie bitte eindeutig, nämlich positiv: «Denken Sie bitte nun an die Signalfarbe Rot!»

Bitte vermeiden Sie deshalb auch die so genannten *Paradoxen Interventionen.* Darunter versteht der Psychologe Einwendungen, die aufgrund mangelnder Umsetzungsvorschläge nicht umsetzbar sind oder falsche «Anker» setzen.

Beispiele:
«Seien Sie doch endlich einmal locker!»
(Diese Formulierung blockiert.)

Statt: «Regen Sie sich nicht auf!»
(Das ist wie ein Drücken auf den «roten Knopf», summmm!)
Nun: «Bleiben Sie ruhig!»

Statt: «Unterbrechen Sie mich nicht!» (Verankert sich als «Unterbrechen».)
Nun: «Lassen Sie mich bitte ausreden!»

Ein weiterer Hinweis: In der Abgrenzung gegen Themen, Argumente oder Aussagen setzen Sie die negativen Aussagen bitte immer zuerst, schließen Sie dann die positive Aussage an.

Statt: «Das ist ein positives Signal, kein negatives!»
Nun: «Das ist kein negatives, sondern ein positives Signal!»

Noch besser ist es, wenn Sie es als adaptive Argumentation, als aufbauende Argumentation, formulieren,
die in zwei Schritten verläuft:
- Schritt 1: Faktenlage
- Schritt 2: ergänzende persönliche Einschätzung.

Beispiel:
«Aufgrund der vorliegenden Ergebnisse und der überzeugenden Präsentation ergibt sich ein Rating im A-Bereich.
(adaptiv:) Und dieses A-Rating entspricht unserer Erwartung
als Familienunternehmen mit einer exzellenten Marktposi-
tion.»

Diese adaptive Argumentation überzeugt stärker, so
die soziopsychologischen Erkenntnisse. Der Grund
dafür liegt auf der Hand. Anstatt die Argumentation
konfrontativ aufzubauen, fokussieren Sie zunächst auf
die Sachlage und federn diese mit Ihrer persönlichen
Überzeugung ab.

4. Regel: Aktive Formulierungen

Verwenden Sie zudem konsequent aktive Formulierungen!

Passive Formulierungen sind Unbestimmtheiten. Aktive Formulierungen kennzeichen Sie als den Tätigen.

Passivformulierungen sind Ersatzformulierungen für vage Positionierung und mangelndes Selbstbewusstsein.

Wer also die Aktivformulierung nutzt, verankert sich als Tätigen in seinen Aussagen, er produziert persönliche Botschaften mit Täterprofil.

Statt: «Es wurde festgestellt!»
Nun: «Ich stelle fest: ...!»

Statt: «Die strategischen Weichenstellungen werden eingeleitet!»
Nun: «Wir leiten die strategischen Weichenstellungen direkt ein!»

5. Regel: Positionierende Bewertungen

Sie müssen nicht immer die ganze Wahrheit sagen,
doch: Sagen Sie immer die Wahrheit!

Wahrheitsliebe ist das Privileg der Glücklichen,
die alles zu gewinnen haben!

Adjektive und Adverbien sind sprachliche Vorgaben für die Wahrnehmung, die die Positionierung festigen.

Mit diesen schaffen Sie zudem auch emotionale Bindung an die Aussagen. Diese sind zugleich orientierungsgebend und ergebnissichernd.

Präsentationen und gelungene Gesprächssequenzen geben Orientierung und sichern Ergebnisse unter klarer Bewertung der eigenen Aussagen. Die Bewertung ist dem Rezipienten durch die wertende Formulierung in Adjektiven und Adverbien vorgelagert und sichert den Bezugsanker in der Diskussion.

> Statt: «Wir haben eine Strategie!»
> Nun: «Wir haben eine erfolgreiche Strategie!»
>
> Statt: «Wir beobachten den Markt!»
> Nun: «Wir beobachten sehr genau und aufwendig den Markt in seiner Differenzierung!»

6. Regel: Konsequente Einordnungen

Das Wort Präsentation ist mit Positionsvorgabe zu übersetzen.

Schaffen Sie argumentative Wagenburgen, die Bewertungen sowie die Aussagen eindeutig orientierungsgebend und ergebnissichernd vorgeben.

Bitte «haken» Sie Aussagen für den Rezipienten inhaltlich ab, indem Sie diese konsequent einordnen und das Tätigsein herausstreichen.

Nach Gilbert von Monbart ist der Hobbyraum die letzte Bastion der Männer, konsequente Einordnungen sind argumentative Bastionen Ihrer Gesprächssequenzen.

Im Film verbleiben Handlungen heute der Fantasie des Zuschauers, unterlegen Sie Ihre Aussagen durch das verbale «Abhaken» des Tuns. Belegen Sie die Ergebnisse durch ihre Umsetzung.

Dabei nehmen Sie mögliche Fragen des Gegenübers vorweg und blenden anders lautende (auch gedankliche) Repliken durch die richtige Einordnung aus.

Statt: «Wir haben eine erfolgreiche Strategie …!» – provokative Frage: «… und warum setzen Sie diese nicht um?»
Nun: «Wir haben eine erfolgreiche Strategie, die Quartalsergebnisse unterstreichen dies!»

7. Regel: Gehirngerechte «Anker»

Anker sind beim Gesprächspartner oder beim Publikum im Bewusstsein oder Unterbewusstsein implementierte Erinnerungsstücke, die abrufbar sind.

Die Hauptschuld für rasche Transienz / Vergänglichkeit der gehörten Information trägt die so genannte *phonologische Schleife,* ein wichtiger Teil des Arbeitsgedächtnisses.

Der englische Psychologe Alan Baddeley verstand es als Assistenten des zentralen Exekutivsystems, des Arbeitsgedächtnisses. Diese phonologische Schleife stellt – als Sklavensystem bezeichnet – für Sprachelemente, Wörter, Daten, Fakten oder Zahlen einen zusätzlichen Speicherplatz zur Verfügung.

Von Spöttern schnell als Pickel im Gesicht der Kognition gebrandmarkt, bildet diese phonologische Schleife für die moderne Psychologie einen wesentlichen Schlüsselfaktor zum Abspeichern und Wiederholenkönnen neuer und wertiger Informationen.

Durch bewusste Wiederholung einer Information ist die untere linke Region des frontalen Kortex stimuliert und überwindet die Transienz/Vergänglichkeit. Wir lernen daraus drei Dinge:

- Aufgenommene Information speichern Sie selber ab, indem Sie diese Information wortwörtlich mehrfach wiederholen durch lautes, langsames Aussprechen (phonologische Schleife).
- Langsame und bewusste Wiederholung Ihrer Aussagen speichert also zusätzlich Informationen beim Auditorium ab, wenn Sie diese ebenfalls wiederholen (rekursive Schleife).

- Indem Sie es schaffen, beispielsweise Ihren Gesprächspartner zum Wiederholen Ihrer Botschaft zu bringen, setzen Sie phonologische und rekursive Anker.

Der Einleitungstext ist bewusst kompliziert und wissenschaftlich formuliert, probieren Sie es selber aus:
- Lesen und sprechen Sie den Text so lange, bis er Ihnen locker von der Zunge geht, er für Sie reproduzierbar ist.
- Erklären Sie es dann einer anderen Person.

Das *ereignisbasierte Gedächtnis* lässt sich einfach durch Signale oder Hinweise ansteuern.

Wichtige Aussagen lassen sich also unterschwellig durch zusätzliche Reize verankern, beispielsweise indem Sie bei einer wichtigen Botschaft mit der Faust auf das Pult schlagen oder mahnend den Zeigefinger heben.

Mentale Abkürzungen sind Kurzepisoden oder Erklärungen, die der Zuhörer nicht direkt aufgrund einer mangelnden Kenntnistiefe einordnen kann. Diese Episode überspringt er, indem er dem Experten zusätzlich Glauben schenkt und ihm vertraut. Sie erreichen dies leicht, indem Sie ein Fachbegriff verwenden, den Sie anschließend wiederholen. Ich bezeichne dies als intellektuellen Anker.

Kontrast-Ankerpunkte sind Aussagen, die Ihren Erwartungshorizont verändern. Beispielsweise wissen Sie, dass eine bestimmte Aktentasche 200 Euro kostet. Nun entdecken Sie diese als Angebot für 178 Euro. Ein Schnäppchen, so denken Sie, weil der Kontrast-Ankerpunkt 200 Euro bei Ihnen greift.

Also: Ordnen Sie wichtige Fakten zunächst allgemein ein, dann erst erfolgt Ihre Spezifikation. Mit Robert Levine ist dieser Kontrast-Ankerpunkt auch als Thermostat-Anker zu benennen.

Ankerfallen setzt aber manipulativ der Verkäufer, der nun die Aktentasche zunächst anpreist, dabei aber betont, diese koste üblicherweise um die 200 Euro, in einem Spezialangebot offeriere er sie nun zu 178 Euro.

Eine *Basis-Ankerfalle* setzt derjenige, der eine unbekannte Person, nämlich Herrn Kersten Müller aus Neunkirchen, als tief religiösen, sehr einfühlsamen und bescheidenen, familiären Menschen beschreibt, der in seiner Gemeinde aktiv tätig ist.

Ist Herr Müller nun Ihrer Meinung nach Schuhverkäufer oder Religionslehrer?

Die Beschreibung offeriert eine Basis-Ankerfalle, da wir uns schnell den Beruf suggerieren lassen.

Solcher Suggestion sitzen wir dann auch auf, wenn der Redner ganz bewusst bestimmte Adjektive und Attribute verwendet, die in unserem repräsentativen Gedächtnis Schubladen abrufen.

8. Regel: Der Punkt = die Pause

*Ihre Zuhörer und Gesprächspartner denken wie
Hans Manz.*

Langes Warten.
Nach jedem Satz kommt ein Punkt.
Nach jedem Satz kommt doch ein Punkt.
Nach jedem Satz kommt doch seit eh und je ein Punkt.
Und ich warte und warte seit Stunden,
aber wer nicht kommt, das ist der Punkt.
(aus Cornelsen, «Deutsch für die gymnasiale
Unterstufe», 6. Klasse NRW, S. 139)

Während Sie einen Gedanken bilden, haben Sie
mindestens vier bis fünf Gedanken parallel im Kopf,
im Unterbewussten switchen Tausende, gar Aber-
tausende Informationsbits zwischen den Synapsen
umher.

Sie sprechen außerdem rund sieben- bis achtmal so
schnell, wie Ihr Zuhörer die Information verarbeitet.
Also, nehmen Sie sich Zeit, verwenden Sie Pausen,
Strukturierungspausen für Ihren Redeakt, Informa-
tionsspeicher- und Nachdenkpausen für Ihre Gesprächspartner.

Vor Abschluss der Rede oder Präsentation setzen
Sie bitte noch deutliche Ausrufzeichen als Aufmerk-
samkeitszeichen für die Zusammenfassung. Dies erreichen Sie beispielsweise über:

- «Zusammenfassend: …»
- «Fazit: …»
- «Nochmals: …»

9. Regel: Fakten, Daten und ihre Relation

Kennen Sie die Deutsche Bahn?

Wie gut?

Mitarbeiterzahl? Schienennetz? Beförderte Personen? Stückzahlen im Güterverkehr? Anzahl der Züge? Ressorts des Konzerns? Umsatz?

Genau, wir kennen die Deutsche Bahn AG nur vage, eine genaue Einordnung des Kontextes und der Komplexität der Aufgaben und Tätigkeitsfelder sind kaum greifbar.

Beispiel:
Eine mögliche Ansage von Herrn Mehdorn, dem Vorstandsvorsitzenden der Deutschen Bahn AG, könnte lauten:
«Bevor wir über die Deutschen Bahn AG sprechen, führen Sie sich bitte nochmals vor Augen: Der Konzern der Deutschen Bahn hat sich in den vergangenen Jahren zu einem führenden international tätigen Mobilitäts- und Logistikdienstleister entwickelt.
An über 1 500 Standorten verfügen wir in 150 Ländern über fast 230 000 Mitarbeiter.
Aufgegliedert ist unser Unternehmen, das im ersten Halbjahr 2006 einen Umsatz von 14,5 Milliarden Euro zeichnete, in die Ressorts Personenverkehr, Transport und Logistik sowie Infrastruktur und Dienstleistungen.
In den ersten sechs Monaten dieses Jahres haben wir 900 Millionen anspruchsvolle Reisende befördert …»
Und so weiter. «… DAS ist die Deutsche Bahn. Ein Mammutunternehmen …»

(Erstellt in Anlehnung einer Darstellung in «Die Welt»
vom 3. 11. 2006)

Fakten, Daten und Zahlen sind Ankergrößen, die uns als Zuhörern Aussagen und Botschaften in den richtigen Rahmen setzen und uns ein mentales Bezugssystem schaffen.

Mit den richtigen Größenordnungen erfassen wir die Dimension der Aussagen, und diese unterstreichen das Tun, indem sie uns die Komplexität der Aufgabe vergegenwärtigen.

10. Regel: Der richtige Sprechrhythmus

Bislang hören Sie in den meisten Kommunikationsseminaren, dass es darum geht, den Sprechakt wohlformuliert in geschliffenen Sätzen abzubilden.

Dies ist falsch.

Der richtige Sprechrhythmus findet sich bei Profisprechern im Theater oder in den Fernsehmoderationen. Dabei sprechen die Profis also «abgehackt», «sequentiell».

Beispiel Volltext:

«Bevor ich Ihnen die Neuausrichtung in unserer Strategie im Einzelnen erläutere, vergegenwärtigen Sie sich bitte, dass wir in unserer Bank 74 000 hoch qualifizierte Mitarbeiter beschäftigen, die sich auf das Firmenkundengeschäft in den unterschiedlichen Facetten professionell fokussieren. Diese Strategie ist erfolgreich, wir sind europaweit die Nummer eins. Aber der Markt verändert sich, der Wettbewerb ist aggressiver. Um die Arbeitsplätze nachhaltig abzusichern und die vorzügliche Rendite von 9 Prozent nochmals zu steigern, ergänzen wir entgegen bisheriger Absage unsere Leistungspalette um das hochprofitable Privatkundengeschäft.

Dies beschert uns in der Bank ein profitables Wachstum
und verstärkt unsere Kundenbindung.
Im Einzelnen …»

Wie wäre dieser Text optimal vorgelesen?

Beispiel Sprechtext/Lesetext (Vorschlag):
«… Bevor ich Ihnen /
die Neuausrichtung in unserer Strategie im Einzelnen
erläutere, /
vergegenwärtigen Sie sich bitte, /
dass wir /
in unserer Bank /
74 000 hoch qualifizierte Mitarbeiter beschäftigen, /
die sich auf das Firmenkundengeschäft /
in den unterschiedlichen Facetten /
professionell fokussieren. /
Diese Strategie /
ist erfolgreich, /
wir sind /
europaweit die Nummer eins. /
Aber /
der Markt verändert sich, /
der Wettbewerb ist aggressiver. /
Um die Arbeitsplätze nachhaltig abzusichern /
und /
die vorzügliche Rendite von 9 Prozent nochmals zu steigern, /
ergänzen wir /
entgegen bisheriger Absage /
unsere Leistungspalette um das /
hochprofitable Privatkundengeschäft.

> Dieses beschert uns /
> in der Bank /
> ein profitables Wachstum /
> und /
> verstärkt unsere Kundenbindung. /
> Im Einzelnen ...»

Um diesen Sprechakt richtig einzutrainieren, machen Sie bitte Folgendes:

> **Stufe 1:**
> Sprechen Sie zunächst freie Texte laut, und zwar Wort für Wort.
>
> Beispiel: «Ich — bin — seit — fünf — Jahren — erfolgreich — in — der — Strategieberatung — tätig ...»

Ihr sprachlicher Mehrwert:
- Dabei fallen durch das Aushalten der Pausen automatisch die Sprachmarotten wie «ähhh» raus.
- Ihr Sprechprofil ist sauber, und Sie kontrollieren dabei die verbale Inkompetenz und geistige Bankrotterklärungen.
- Ihre Sprache generiert sich faktizierend.
- Ihre Aussagen gestalten sich nicht als Möglichkeitsansagen, sondern präsentisch.

> **Stufe 2:**
> Sprechen Sie nun in Satzteilen von zwei bis drei Worten, halten Sie dabei die Pausen bewusst lange aus (leise gezählt 1, 2).

Schnell sprechen führt zum geistigen verbalen Über-
schlag. Langsames Sprechen trainiert Ihr Gehirn, den
Sprechakt sauber und betont zu gestalten.

Ein Tipp aus der Radiomoderation: Zur Stärkung Ihrer
Akzentuierung und der Stimme empfiehlt sich ein
Korken beim langsamen Sprechen. Diesen nehmen
Sie zwischen die Zähne, dabei sprechen Sie langsam –
wie oben.

Nach fünf Minuten täglich erschließt sich langsam,
aber sicher eine neue Sprechwelt. Nutzen Sie diese
Technik zur erstklassigen Präsentation Ihrer Botschaft.

Die Kernbotschaft ist die Reling einer Rede und zugleich das einzige Mittel zum Ausgleichen eines verbalen Schlingerkurses.

IV. Die ergebnissichernde Umsetzung des Rhetorik-Codes – seine Verstärker

Eindeutig ist bereits nach den Regeln des Rhetorik-Codes festzustellen: Er wäre auch Samuel Langhorne Clemens, Mark Twain genannt, eine dezidierte Orientierung gewesen. Das Erlernen der deutschen Sprache brachte den großen Schriftsteller zum Verzweifeln, diente ihm aber dann doch als Aderlass für seinen bissigen Spott und scharfsinnigen Humor.

«Ganz bestimmt gibt es keine anderen Sprache, die so ungeordnet und unsystematisch ist (…).

Meine Studien haben mich davon überzeugt, dass ein begabter Mensch Englisch in dreißig Stunden lernen kann, Französisch in dreißig Tagen und Deutsch in dreißig Jahren. Dass die letztgenannte Sprache zurechtgestutzt und ausgebessert werden muss, liegt also auf der Hand. Wenn sie so bleiben sollte, wie sie ist, müsste man sie sanft und ehrerbietig bei den toten Sprachen ablegen, denn nur die Toten haben Zeit, sie zu lernen.»

Mark Twain,
Auszug aus «Die schreckliche deutsche Sprache»

Hier die wesentlichen Umsetzungshilfen und prägnante Verstärker für den orientierungsgebenden und ergebnissichernden *Rhetorik-Code.*

Der situativ-erfolgreiche Redeansatz

Der programmierende Ansatz

Grundsätzlich bieten sich drei unterschiedliche Aus-
richtungen in der soziopsychologischen Betrachtungs-
weise einer Rede, Präsentation oder eines Gesprächs-
ansatzes an.

1. Ihr Publikum oder Gesprächspartner ist *positiv oder
   zumindest neutral* offen für Ihre Botschaft. Dann setzen Sie bitte den *programmierenden Ansatz* an.
2. Ihr Publikum oder Gesprächspartner ist *negativ
   oder zumindest zurückhaltend-skeptisch*. Dann setzen Sie bitte mit dem *deprogrammierenden Ansatz*
   an.
3. Ihr Publikum oder Gesprächspartner ist *positiv
   gestimmt*, da sie bereits eine gemeinsame positive
   Erinnerung haben. Dann setzen Sie mit dem *repro-
   grammierenden Ansatz* an.

Die Programmierung beruht darauf, dass Sie bei Ihren
Rezipienten eine Denkschiene verankern.

Gegen die Transienz/*Vergänglichkeit der Botschaften* arbeiten Sie erfolgreich mit der «Wiederholung»
der wichtigen Botschaften.

Nochmals: Gegen die *Transienz/Vergänglichkeit* der
Botschaften arbeiten Sie erfolgreich mit der «Wiederholung» der wichtigen Botschaften.

Die gezielte Wiederholung Ihrer Botschaft setzt
Denkraster und Wahrnehmungsmuster im Gedächtnis
Ihrer Zuhörer fest.

Diese Wiederholung, der so genannte *Anker,* erfolgt mit den gleichen Worten, der gleichen Satzstruktur – also mit wortwörtlichem Wiederholen der bereits gesagten Botschaft.

Um die Vergänglichkeit/Transienz der Botschaft im episodischen, semantischen und im Arbeitszeitgedächtnis auszublenden, ist die Wiederholung der geeignete «Anker»!

Wir halten fest: Diese Wiederholung, der so genannte *Anker,* erfolgt mit den gleichen Worten, der gleichen Satzstruktur – also mit wortwörtlichem Wiederholen der bereits gesagten Botschaft.

Für begleitende Powerpoint-Präsentationen gilt deshalb ebenfalls: Die in der Präsentation wichtige Botschaft *wiederholt sich auf dem Chart schriftlich mit den gleichen Worten,* der gleichen Satzstruktur – also mit wortwörtlichem Wiederholen der bereits gesagten Botschaft.

Für Sitzungen unvermeidlich ist deshalb die «Protokollführung», diese begrenzt den späteren Interpretationsspielraum der fehlerhaften Erinnerung.

Der deprogrammierende Ansatz

Der deprogrammierende Ansatz besteht darin, dass Sie eine Denkschiene bei Ihrem Rezipienten löschen, indem Sie diese durch kritische Inhalte negativ verankern – und durch eine neue, positive Denkschiene ersetzen.

Der reprogrammierende Ansatz

Der reprorammierende Ansatz besteht darin, dass Sie eine zurückliegende Erfahrung erneut bewusst machen und verankern, dann die positive Attributierung auf den neuen Denkansatz oder die neue Botschaft transferieren/übertragen.

Erleichternde Körperhaltung

«Nichts ist innen, nichts ist außen, denn was innen ist, ist außen!»

«Unser geliebter» Goethe

Im Stehen

Zwei unterschiedliche Trainer, zwei unterschiedliche Ansichten: «Fels in der Brandung»-Stellung oder «Standbein/Spielbein»-Stellung?

Bei der *«Fels in der Brandung»-Haltung* stehen Sie mit beiden Beinen fest auf dem Boden – Vorteil ist ein fester Stand, aber bei durchgedrückter Brust sind die Hände automatisch unten im negativen Körpersprachebereich.

Zur positiven Gestik halten wir diese also hoch – gegen die Körperspannung. Dabei fallen diese dann häufig relativierend wieder runter.

In Drucksituationen wippen viele Redner dann auf den Zehenspitzen, damit die Energie in die Gestik geht (Wirkung: scheinbare Arroganz). Beide Hände in der Gestik sind des Öfteren das andere Ergebnis, was häufig steif wirkt.

Durch die Ausrichtung vor einem größeren Auditorium drehen sich viele Redner dabei nur in der Hüfte – aber das unterstreicht nur Steifheit.

Bei der «*Standbein/Spielbein*»-*Stellung* verlagern Sie das Gewicht auf das hintere Bein; wenn Sie mit der rechten Hand gestikulieren, bitte auf das rechte Standbein. Das linke Bein dient dem Ausgleich, aber auch um Spannung abzubauen.

Durch ein Verändern des Standbeins wendet sich der Redner locker anderen Teilen des Auditoriums zu. Leichte Gestik unterstreicht die Lockerheit und kanalisiert locker die Spannnung – im parallelen Ausgleich mit dem Spielbein.

Mit dem rechten Bein vorne bringen Sie als Rechtshänder starke Energie und Power zum Ausdruck, mit dem linken Bein vorne nehmen Sie Ihre Körpersprache leicht zurück.

Für rund 90 Prozent der Redner unter gewissen Spannungen und dosierter Nervösität empfiehlt sich klar «Standbein/Spielbein», eine Haltung, die auch Kampfsportler bevorzugt nutzen.

Tipps gegen die Konvention:
- Nehmen Sie gerne eine Hand in die Hosentasche. Hauptsache, Sie fühlen sich wohl! Lassen Sie dabei Ihre Führungshand (bei den meisten Rechtshändern rechte Hand) draußen.
- Viele topmodisch angezogene Führungskräfte blockieren ihre positive Körperhaltung durch das Zuknöpfen der Einreiher. Dadurch neigen sie sich leicht nach vorne – steife Haltung ist gesichert, Gestik fast tot oder zumindest steif. Deshalb: Lassen Sie das Jackett offen; es unterstreicht Ihre positive Körperhaltung.

Denken Sie daran: Die «Standbein/Spielbein»-Haltung kanalisiert Spannungen; als Profi wechseln Sie später gerne Stand- und Spielbein!

Halten Sie es deshalb mit Sir Winston Churchill: Konsequent ist nur, wer sich mit den Umständen wandelt!

Im Sitzen

Setzen Sie sich in Konferenzen oder Besprechungen so, dass Sie schräg auf dem Stuhl sitzen, schieben Sie diesen leicht schräg zum Tisch. Dadurch vermeiden Sie das Aufstützen der beiden Unterarme oder zu lässiges Nach-hinten-Rutschen im Stuhl.

Schräg am Tisch sitzend, legen Sie als Rechtsgestikulierer den linken Unterarm fest auf, dadurch fließt die Energie Ihrer Körperspannung aus dem Unterarm in eine positive Gestik!

Ritualisierung von Gesten und Signalen

Alle Regeln der Körpersprache und des Rhetorik-Codes komplett zunächst umsetzen zu wollen, führt zum verbalen *Super-Gau.*

Super-Gau. Übrigens eine herrliche journalistische Sprachschöpfung, «Unwort» des Jahres 1984, weil der GAU bereits der *Größte Anzunehmende Unfall* ist ...

Beschränken Sie sich deshalb auf wenige, einfache, ritualisierte Gesten.

Zum Hintergrund: Wir unterscheiden zwischen *interpretierbaren,* also Gesten, die verschiedene Interpretationen zulassen, und *ritualisierten* Gesten, die feststehend sind in ihrer Bedeutung. Jemandem die Hand entgegenstrecken ist in der Bedeutung ritualisiert, der Gesprächspartner greift zu.

Also verwenden Sie beispielsweise zur Untermalung der Aussage: «Unser Service ist top!» den aufwärtsweisenden Daumen bei geschlossener Hand.

Die Reduzierung auf wenige ritualisierte Gesten hat mehr Wirkung!

Die Gestikdauer

Hier zwei einfache Regeln mit großer positiver Wirkung:

- Lassen Sie bei unterstreichenden Gesten die Geste länger stehen, als Ihre verbalisierte Aussage dauert – also in die entstehende Wirkungspause hinein.
- Setzen Sie bei positiv unterstreichenden Gesten diese immer von unten nach oben auf; damit unterstreichen Sie die Wirkung.

Der Blickkontakt ist Ihre «Glaubwürdigkeit»

Vielfach glauben Teilnehmer von Rhetorik-Seminaren, dass der Blickkontakt

- auf die Augen,
- auf den Mund,
- auf das ganze Gesicht oder
- zwischen die Augen auf die Nasenwurzel

auszurichten ist.

Vergessen Sie es! Richtiger Blickkontakt erfordert einen Fokus: Schauen Sie gleich bleibend auf ein Auge beim Gegenüber.

Vor der Kamera schaut man nicht auf die Linse, sondern leicht oberhalb dieser auf das Markenzeichen der Kamera, zum Beispiel «Sony».

Ein wegfallender Blickkontakt bei wichtigen Aussagen setzt Zweifel an der Botschaft im (Unter-)Bewusstsein des Gegenübers fest.

Nehmen Sie deshalb bei wichtigen Aussagen zunächst Blickkontakt zu einem Gesprächspartner oder Zuhörer auf, sprechen Sie erst dann, lassen Sie anschließend den Blickkontakt stehen. Damit unterstreichen Sie Ihre Glaubwürdigkeit.

In Verbindung mit dem richtigen Sprechrhythmus erzielen Sie Ihre Wirkung dadurch vor einem Zuhörerkreis, dass Sie zunächst einen Blickkontakt aufnehmen, dann drei bis vier Worte sprechen, den Blickkontakt stehen lassen, dann den Blickkontakt auf eine andere Person ausrichten, erst dann wieder drei bis vier Worte sprechen, den Blick stehen lassen, dann den Blickkontakt auf eine andere Person richten und bei dieser dann den Satz beenden, den Blickkontakt in die Wirkungspause stehen lassen!

Lassen Sie zwischenzeitlich den Blick in die Runde schweifen, aber beim Sprechakt steht bitte der Blickkontakt.

Ebenso beim Ablesen wichtiger Fakten oder Daten, zuerst hinunterschauen auf das Skript, Information aufnehmen, dann Blickkontakt aufnehmen, dann erst sprechen, Blickkontakt halten.

Authentisch sein und bleiben

Das intellektuelle Trotzen der Veränderung ist im Gegensatz zu Kindern bei Erwachsenen feststellbar – eine jugendliche Form des Altersstarrsinns. Wir nennen dieses Verhalten «authentisch bleiben wollen».

Authentisch ist derjenige niemals, der sich gegen seine Grundsätze unterbewusst verändert und damit sehenden Auges seine persönliche Misere ausblendet.

Wir verändern uns – so sagt es auch das Wort «persona» im Ursprung – immer wieder bezogen auf die Situation, die Gesprächsanforderung, das jeweilige Umfeld, die Gesprächspartner und unsere eigene Positionierung.

Authentisch bleiben wir deshalb, wenn wir unser Verhalten immer wieder kritisch hinterfragen und uns damit auseinandersetzen. Erst in der Reflektion der angesagten oder bewusst vermiedenen Veränderung sind und bleiben wir authetisch.

Gleichen Sie bitte immer wieder Ihr Verhalten und Handeln gegenüber der Gesprächssituation, Ihrem Gesprächspartner oder Auditorium, Gesprächsziel und Kernbotschaft ab. Probieren Sie vorher bewusst Verhalten und Sprechmuster aus, entscheiden Sie sich dann in der Sicherheit immer für Ihr Wohlgefühl.

Damit sind und bleiben Sie authentisch.

Entstehen und Festigen des abrufbaren «wording»

Lesen Sie bitte vorbereitend nochmals den Absatz über «gehirngerechte Anker», über phonologische und rekursive Schleifen (Seite 47).

Und so geht es:

1. Formulieren Sie Zieldefinition, Kernbotschaft und Appell *ausführlich und laut* in der Vorbereitungsphase für die anstehende Gesprächssequenz oder den Vortrag.

2. Entwickeln Sie daraus Ihren Text, indem Sie diesen *laut formulierend* niederschreiben.

3. *Überarbeiten* Sie diesen nochmals konsequent mit den Grundregeln des Rhetorik-Codes.

4. Lesen Sie den ganzen Text *mehrfach laut und langsam* vor.
   Dadurch entsteht Ihr *«wording»*, Ihre Sprachregelung, die sich im Unterbewusstsein abrufbar verankert *(Programmierung)*.

5. Verkürzen Sie den Volltext dann auf Stichworte, die die Textpassagen für Sie strukturiert abrufbar speichern. Diese sind Repräsentanten der vorher erarbeiteten Textversatzstücke, die Ihr Unterbewusstsein dann dem einzelnen Stichwort abrufbar zuordnet.

6. Lernen Sie Einstieg, Kernbotschaft und Appell auswendig.

7. Sprechen Sie dann den Text mithilfe der Stichworte langsam durch. Sobald Sie einen Hänger bemerken, lesen Sie den Volltext nochmals langsam und laut durch.

8. Üben Sie so lange, bis Ihr Vortrag oder die Gesprächssequenzen sitzen.

Sie benötigen mindestens vier bis fünf Gesprächssequenzen, bis sich Ihre «Sprachregelung», das «*wording*», abrufbar festgesetzt hat.

Professioneller Umgang mit Blackout und Fadenriss

«Der Kriegszustand in Polen dient dem Frieden!»
General Jaruzelski, 24. 2. 1982

«Ich persönlich bin für die Todesstrafe, denn ich glaube, sie rettet Leben!»
Nancy Reagan, Gattin des 40. US-Präsidenten, in einer Talkshow

Viele Redner fürchten im Gegensatz zu den Beispielen nicht eine paradoxe Aussage, sondern verstehen unter Blackout einen Fadenriss.
Es fehlen die Worte ...
    Kein Problem, diese Situationen sind einfach zu überwinden. Es gibt einige professionelle Möglichkeiten, mittels derer Sie diese einfach überbrücken.

1. Möglichkeit: «Never say never ...»

Sagen Sie *nie, niemals:* «... jetzt habe ich einen Fadenriss ...!» Obwohl das vielfach empfohlen wird, hat es nur zur Folge, dass Sie jetzt alle Aufmerksamkeit auf sich konzentrieren, der Druck wächst und das Publikum denkt: «Armer Kerl, hoffentlich packt er es!»

2. Möglichkeit: Sagen Sie es anders

Machen Sie einfach, auch mitten im Satz, eine Pause, bauen Sie bewusst mit dem Publikum Blickkontakt auf – verändern Sie Ihre Sitzhaltung oder Ihren Stand und formulieren Sie dann: «Lassen Sie es mich anders sagen …» – und setzen Sie Ihre Rede mit einer neuen Formulierung fort.

Aus der Gehirnforschung wissen wir, das sich die Blockade, dieses Blackout oder «Zungenspitzen-Phänomen/*«tip of the tongue»*-Phänomen, lösen lässt – und nur dann auch löst, wenn Sie sich in Ihrer Körperhaltung oder Ihrem Stand verändern.

Wer im wahrsten Sinne der Worte auf dem Schlauch steht, benötigt eine räumliche oder situative Veränderung zur Lösung der Blockade.

Niemand weiß, auch Sie in der Situation nicht, was Sie sagen wollten, also formulieren Sie langsam, aber laut einfach neu.

Die Wirkung ist klar: Der Redner hat seinen Gedankengang abgebrochen, weil er einen wichtigeren Gedanken eingeschoben hat.

3. Möglichkeit: Wiederholen Sie sich …

Machen Sie einfach, auch mitten im Satz, eine Pause, bauen Sie bewusst mit dem Publikum Blickkontakt auf – verändern Sie (aus den bereits genannten Gründen) Ihre Sitzhaltung oder Ihren Stand und wiederholen Sie Ihre letzte Aussage, die Ihnen immer präsent ist.

Die Wirkung liegt auf der Hand: Das Publikum denkt nun, dass Sie Ihren Gedankengang bewusst während des Formulierens abgebrochen haben und den letzten Satz, der Ihnen enorm wichtig ist, deshalb auch wiederholen. So reprogrammieren Sie sich wieder in Ihren roten Faden – vorausgesetzt, Sie haben diesen, wie bereits erläutert – konsequent im Unterbewusstsein angelegt!

4. Provokative Möglichkeit: «Frage?»

Machen Sie einfach, auch mitten im Satz, eine Pause, bauen Sie bewusst mit dem Publikum Blickkontakt auf, verändern Sie (aus den bereits genannten Gründen) Ihre Sitzhaltung oder Ihren Stand – nehmen Sie Blickkontakt mit einem Gegenüber auf und formulieren Sie: «Frage?»

Es schafft eine Irritation, die Aufmerksamkeit der übrigen Zuhörer fokussiert sich auf Ihr Gegenüber, das ebenso irritiert schaut. Also wenden Sie den Blick wieder ab, sagen: «Nochmals...» und fahren im Vortrag fort.

Es sind kleine, aber wirksame und effektive Methoden, um Ihren roten Faden wieder zu erlangen.

Hauptsache ist: Sie gewinnen wieder Ihre Souveränität und überwinden das kurzzeitige Blackout.

Ergebnissichernde Entgegnungs-argumentation – die 3-T-Regel

Grundsätzlich stellt sich Ihnen die wichtige Frage, ob Sie in einer Präsentation oder beim sachlichen Vortrag, bei einer wichtigen Präsentation oder in einem effizienten Meetinggespräch

- einen lockeren Schlagabtausch, der beziehungs-fördernd, aber auch destruktiv für ein sachliches, ergebnisorientiertes Gespräch sein kann, auswählen oder
- einen konstruktiven Schlagfertigkeitsansatz zur Wiederaufnahme eines ergebnisorientierten Gespräches.

Mein konstruktiver Ansatz in der Schlagfertigkeit lautet: Beenden Sie in der verhaltenspsychologisch so genannten Initiierungskette – ein Reiz entsteht und setzt sich im Schneeballsystem fort – eskalierende Gespräche und Diskussionen konsequent mit der orientierungsgebenden und ergebnissichernden 3-T-Regel.

Nehmen wir eine Ausgangslage an: Ihre Rede, Ihre Gesprächssequenz oder Ihr Beitrag ist ergebnisorientiert und orientierungsgebend ausgerichtet – die Gesprächspartner thematisieren allerdings Nebenthemen. Das Gespräch entgleitet der gemeinsam verabschiedeten Zielsetzung.

Es folgen erste persönliche plänkelnde Übergriffe und polemisierende Verbalattacken, die Sie persönlich unter Druck setzen sollen oder Ihre Kompetenz untergraben.

Ihr Ziel besteht darin, auf die sachbezogene Diskussion zu setzen und diese über eine konsequente Gesprächsführung wieder zu implementieren.

- *Touch:* Bewerten Sie konsequent den Einwurf, checken Sie es mit der Zielsetzung gegen.
- *Turn:* Kehren Sie zum Ausgangsthema zurück.
- *Talk:* Vertiefen Sie das Ausgangsthema, damit es wieder zentraler Gesprächsgegenstand ist.

Beispiel – bei persönlichen Übergriffen:

Touch/appellativ:	Unterlassen Sie die Polemik, bleiben Sie im Interesse aller sachlich. Und bleiben Sie bitte beim zentralen Gesprächspunkt.
Turn:	Unser Thema ist die Qualität in Ihrem Unternehmen beim Produkt XYZ.
Talk:	Ich habe bereits die negativen Auswirkungen auf unsere Kundenbelieferung aufgezeigt. Stellen wir also in einem angemessenem Zeitraum eine einwandfreie Qualität sicher! Ein Ansatz dafür ist …

Beispiel – bei Nebenthemen:

Touch/Bewertung:	Lassen Sie bitte in unserer Sachdiskussion Nebenthemen außen vor. Bleiben Sie bitte im Interesse aller an einer ziel- und ergebnisorientierten Diskussion bei unserem gemeinsamen zentralen Gesprächspunkt.

Tipp: In einer Präsentation, beim Meeting, in einer Gesprächsrunde oder Diskussion wenden Sie Touch-Turn-Talk bitte auch hinsichtlich des Blickkontaktes an.

Anwendungsbeispiel:

Touch – Blickkontakt zum Adressaten,
verbalisiert: Unterlassen Sie bitte die Polemik,
                        bleiben Sie sachlich. Und bleiben Sie
                        bitte beim zentralen Gesprächspunkt.

Turn – Blickwechsel zu einem anderen Gesprächspartner,
verbalisiert: Unser gemeinsames Thema ist die
                        Qualität der Produkte in unserem
                        Unternehmen …

Talk – Blick-Ansprache des anderen Gesprächspartners,
verbalisiert: Ich habe bereits die negativen Auswir-
                        kungen auf unsere Kundenbelieferung
                        aufgezeigt. Stellen wir also in einem
                        angemessenem Zeitraum eine einwand-
                        freie Qualität sicher!
                        Ein Ansatz dafür ist …

So stellen Sie sicher, dass der Adressat im Gespräch abgebunden ist. Denn Ihr Blickkontakt bedeutet auch: «Na, mein Lieber, gibt es etwa Widerspruch?!» Und einen Rückfall in das falsche Gesprächshema unterbinden Sie durch die 3-T-Regel verbal und nonverbal.

Jede Antwort legitimiert die Frage!

Die Vorteile der 3-T-Regel liegen auf der Hand:

- Sie nehmen Fragen oder Zwischenrufe zwar auf, ordnen diese aber in das Thema und den Kontext, den Rahmen des Gespräches ein.
- Sie akzeptieren keine thematische Veränderung, sondern bleiben im zu besprechenden Thema.
- Sie klammern aktiv Nebenthemen oder auch persönliche Befindlichkeiten aus und fokussieren klar auf das Besprechungsthema.
- Sie besetzen aktiv Ihre bewertende, einordnende Position und halten am Gesprächsthema fest.
- Sie unterbinden konsequent alles Verbalgeplänkel und ineffiziente Kompetenzspielchen.
- Sie übernehmen moderierend und konsequent die Gesprächsführung.
- Sie unterbinden alle Störmanöver durch klare und verbindliche Grenzen.
- Sie deeskalieren effizient und konsequent Gesprächsentgleisungen.
- Sie nehmen Fragen auf, ordnen diese aber orientierungsgebend und ergebnissichernd ein und setzen prägnante Botschaften ab.
- Sie beantworten letztlich alle Fragen, fokussieren diese aber gesprächsfördernd und bewerten deshalb auch diese Fragen.

Bitte denken Sie daran:

Jede Antwort legitimiert die Frage!

Grundsätze des Rhetorik-Codes:
- Formulieren Sie positive Aussagen.
  Falsch: «Persönliche Animositäten sind nicht unser Thema!»
  Richtig: «Unser Thema ist die Qualität, bitte erläutern Sie Ihre Änderungsvorschläge!»
- Akzentuieren Sie das Gesagte mit deutlichen Urteilen.
  Falsch: «Damit würden wir unsere Zielsetzung besser und schneller erreichen.»
  Richtig: «Somit erreichen wir konsequent unser Gesprächsziel!»
- Stellen Sie – wenn nötig, da Wiederholungen bei Negativaussagen falsche Anker setzen! – negative Abgrenzungen nach vorne, die positive Themensetzung nach hinten.
  Falsch: «Es geht hier um das Produkt, nicht um Ihren Einfluss- und Verantwortungsbereich.»
  Richtig: «Es geht hier nicht um Ihren Einfluss- oder Verantwortungsbereich, sondern um das Produkt!»
- Formulieren Sie knapp und prägnant.
  Falsch: «Nun denn, es ist ja so, dass wir bereits mehrfach vergeblich den Ansatz eines Versuches gemacht haben, eine gewisse Annäherung an das Thema, natürlich unter gewissen …»
  Richtig: «… zum Gesprächsthema. Halten wir fest, dass wir uns darauf verständigt haben …»
- Vermeiden Sie alle Relativierungen, verbalen Einschränkungen, geistige Bankrotterklärungen und Zeichen kommunikativer Inkompetenz.

Falsch: «Vielleicht wäre es jetzt irgendwie an der Zeit, eigentlich einmal, so befürworte ich es jedenfalls, bestimmt gibt es dort auch Widerspruch ...»
Richtig: «Bitte zurück zu den Lösungsvorschlägen. Der Vorschlag war ...»

- Arbeiten Sie nicht mit Fragen, sondern mit klaren Appellen in der Gesprächsführung.
Falsch: «Könnten wir uns nun wieder unserem Thema Qualität zuwenden?»
Richtig: «Herr Müller, bitte unterbreiten Sie uns Ihren ergebnissichernden Lösungsvorschlag!»

- Verzichten Sie auf Wiederholungen bei Negativaussagen, diese verstärken die falsche Botschaft und untermauern den Vorwurf.
Falsch: «Ein angeknacktes Image? Nein, ein angeknacktes Image haben wir nicht.»
Richtig: «Nein, wir haben ein hervorragendes Image bei unseren Kunden und in der breiten Öffentlichkeit!»

Einige ausgewählte typische und mögliche «Touch»-Muster:

- «Ja / Nein.»
- «Das ist ein Nebenthema.»
- «Das ist genau der Punkt.»
- «Die Frage stellt sich in einem anderen Kontext.»
- «Darum geht es später.»
- «Das ist allein Ihre Meinung.»
- «Sie pauschalisieren.»
- «Unsere Kunden haben eine andere Frage.»
- «Das ist ein anderer Aspekt.»
- «Richtig / Falsch.»
- «Das ist reine Spekulation.»

- «So stellt sich das aus begrenzter Aussensicht dar.»
- «Dann unterliegen Sie einer Fehleinschätzung.»
- «Da sind Sie einer Fehlinformation aufgesessen.»
- «Das ist ein falscher Eindruck.»

Bei Negativaussagen zu
- Ihrer Person,
- zum Unternehmen,
- zum Image,
- zu Ihrer Kompetenz,
- Ihrer Ausbildung oder
- Ihrer Erfahrung

verbieten sich deshalb aber auch Gegenfragen. Diese beantwortet normalerweise der polemisierende Gesprächspartner mit einer verbalen Breitseite.

Beispiel:
für eine misslungene Abwehr mittels Gegenfrage:
- Attacke: «Sie haben in der Öffentlichkeit ein schlechtes Image!»
- Fatale Gegenfrage: «Wie kommen Sie zu dieser Einschätzung?!»
- Mögliche Antwort: «Erstens: Es reden alle Mitarbeiter hinter der vorgehaltenen Hand schlecht über Sie, zweitens traut Ihnen keiner wirklich einen erfolgreichen Abschluss dieses eminent wichtigen Projektes zu, und drittens haben Sie bereits ein wichtiges Projekt als Verantwortlicher in den Sand gesetzt – auch wenn Sie das natürlich bestreiten!»

Sind Sie dennoch an einer Vertiefung interessiert, empfehle ich Ihnen deshalb grundsätzlich die wertende Gegenfrage: «Wie gelangten Sie zu dieser fatalen Fehleinschätzung?»

So stellen Sie sicher, dass das anschließend Gesagte bereits in der Wahrnehmung einer Bewertung bei anderen anwesenden Personen unterliegt.

Die 3-T-Regel kontrastiert in den Erwiderungen mit «Touch» und «Turn» häufig Gegensätze.

Hier gilt: Je prägnanter der Vorwurf, desto konsequenter die Erwiderung. Diese Kontraste kristallisieren sich besonders in Gegensätzen wie:

(Touch)	—	(Turn)
Persönlicher Eindruck	—	Nachweis
Einschätzung	—	Ergebnis
Annahme	—	Resultat
Theorie	—	Praxis
Spekulation	—	Beweis
Einschätzung	—	Fakt

Im Folgenden einige schlagfertige Beispiele zum Rhetorik-Code, deren Antworten natürlich bewusst prägnante Botschaften positiv unterstreichen.

Beispiele:
- «Haben Sie schon mal etwas vom Rhetorik-Code gehört?»
  Falsch: «Ja!»
  Mögliche Replik Ihres Gegenübers: «Und warum merkt man das nicht?»

  Richtig: «Ja ...», (Touch) «... und wenn Sie meine Auftritte analysieren, dann stellen Sie das fest ...» (Turn) «... da ich beispielsweise die zehn Grundregeln des Rhetorik-Codes konsequent in Stellungnahmen orientierungsgebend und ergebnissichernd anwende.» (Talk)

Auf der Grundlage des Rhetorik-Codes nun einige Profi-Tipps im Umgang mit Fragen in kritischen Gesprächssituationen. Grundlage ist 3-T-Regel, hier bezogen auf *Touch* und *Turn:*

Tipps:
- Theoretisieren Sie kritische Einwände und polemische Aussagen.
  Beispiel: «Sehr theoretisch dieser Einwand, aus der Praxis heraus halte ich Ihnen dagegen …»
- Adressieren oder delegieren Sie Unterstellungen anders oder auch neu im Interessse weiterer Gesprächsteilnehmer.
  Beispiel: «Ein berechtigter und nachdenklich machender Einwand, allerdings an die falsche Adresse. Stellen Sie diese unserem Kunden oder dem Vorstand.»
- Interpretieren Sie Fragen und kritische Aussagen in Gesprächsrunden.
  Beispiel: «Ihr Einwand bezieht sich auf einen anderen Kontext. Unser Kontext …!»

- Ersetzen Sie konsequent Einwände oder Aussagen kritischer und unfairer Gesprächspartner.
  Beispiel: «Der Gedanke streift unser Thema ‹operations› nur peripher, die richtige Frage an die Runde lautet aus Sicht des Unternehmens deshalb …»
- Überhöhen Sie Fragen oder Anmerkungen der kritischen Gesprächspartner.
  Beispiele: «Ihre Frage geht am Thema vorbei, die Kernfrage lautet …» «Interessanter Einwand aus Sicht von Außenstehenden, aber die wesentliche Frage unserer Aktionäre lautet …»
- Begrenzen Sie Anmerkungen, Einwände oder Einwürfe durch thematische Fokussierung auf die Gesprächsrunde.
  Beispiele: «Ein nebensächlicherRandaspekt. Letztlich diskutieren wir …!» «Ihr Einwand verfehlt unser Thema, da wir uns im Gespräch fokussieren auf …»
- Engen Sie pauschale Anmerkungen oder auch Fragen durch Definitionen und Begrifflichkeit terminologisch ein.
  Beispiele: «Um Ihrem Einwand Rechnung zu tragen, bitte ich Sie, Prozessmanagement und dessen Rahmenbedingungen vorab zu definieren …» «Der Begriff Gewissen ist mehrdeutig. Präzisieren Sie die Gewissensverantwortung und den genauen Kontext!»
- Bewerten Sie Fragen und Polemik der Gesprächspartner.
  Beispiele: «Entschuldigung, aber das ist der typische Einwand eines Unternehmensberaters, beschäftigen wir uns doch bitte direkt mit der Umsetzung!» «Sorry, aber diese Frage stellen sich unsere Aktionäre keinesfalls. Unsere Aktionäre …!»
- Konkretisieren und spezifizieren Sie allgemeine Unterstellungen und Einwände im Interesse der Gesprächsteilnehmer – statt mit Gegenfrage bitte mittels Appell!
  Beispiel: «Konkretisieren / Spezifizieren / Präzisieren Sie bitte Ihre Frage für die Anwesenden!»

- Decken Sie bei Einwänden unfaire Intentionen oder Absichten des Kritikers auf.
  Beispiel: «Sie beabsichtigen mit dieser herabsetzenden und polemischen Frage …»
- Ordnen Sie Anmerkungen und kritische Einwände im Kontext ein.
  Beispiel: «Lieber Herr Mustermann, Sie behandeln wiederholt in anderen Formulierungen dieselbe Thematik. Diese hatten wir jedoch bereits mehrfach ausführlich diskutiert und abschließend geklärt. Ich wiederhole nochmals: Wir haben …!»
- Konterkarieren / Kontextualisieren Sie kritische und polemische Beiträge, stellen Sie diese zurück.
  Beispiel: «Ihr polemischer Einwand deckt wiederum nur einen unwesentlichen Aspekt der insgesamt komplexen Strategie unseres Unternehmens ab, deshalb vorab zum Kontext zunächst nochmals die Gesamtstrategie: …»
- Streichen Sie die Inkompetenz des unfairen Fragestellers heraus.
  Beispiel: «Als erfahrener Manager wissen Sie doch, dass dieser Einwand rein theoretisch ist …»

Das «Bredemeier-Feedback» zur Eskalationsbeendigung

Das klassische Feedback basiert auf einem altruistischen Denkmodell, welches zwar ein angenehmes Miteinander in der psychologischen Kuschelecke schafft, aber alle Grundregeln des Rhetorik-Codes missachtet.

Nehmen wir einmal an, die Fragerunde nach Ihrer Präsentation oder Ihrem Vortrag, die langwierige Diskussion, ist am kritischen Siedepunkt angelangt.

Entweder ist die Konfrontation nach Ihrem Feedback vorbei – oder das orientierungsgebende und ergebnissichernde Gespräch miteinander ist sinnentleert.

Sie beenden deshalb endgültig die Eskalation, die verhaltenspsychologische Initiierungskette, und setzen eine klare Grenze.

Dabei verwenden Sie angemessen die gesprächskontrollierende Metaebene. Als Metaebene bezeichnen wir die übergeordnete Gesprächsebene, auf der Sie die Sach- und emotionale Ebene verlassen.

Sie thematisieren das Gesprächsziel, -verhalten sowie Gesprächspartner und -situation selbst.

Geben Sie konsequent und professionell Ihr prägnantes Feedback orientierungsgebend und ergebnissichernd auf das Verhalten und den Gesprächspartner selbst. Reflektieren Sie den Gesprächsverlauf.

Traditionelles Feedback – nach dem Kommunikationspsychologen Friedemann Schulz von Thun – ist heutzutage Standard in vielen Unternehmen, ob diese nun partizipatives, demokratisches, etatistisches oder situatives Führen etikettieren:

1. Was nehme ich wahr?
2. Wie wirkt es auf mich?
3. Was wünsche ich mir?

Dieses traditionelle Feedback präferiert weiche Ich-Botschaften, ist sanft-konfrontierend, ist beherrscht von Weichmachern und Relativierungen, schlimmstenfalls von emotionalen Bankrotterklärungen.

Auf diese Ich-Botschaften setzt Ihnen jeder konfrontative Gesprächspartner entweder einen verbalen Deckel («Das ist wirklich und bleibt letztlich Ihr eigentliches Problem!»), oder Sie verfestigen außerdem die negativen Punkte. Das ist kontraproduktiv.

Das neue «Bredemeier-Feedback» richtet sich an der Person gegenüber aus, es ist ein klares Aufzeigen des Konfliktes.

Klar, es fällt uns schwer, hier einen «straight talk», eine direkt-konfrontative Aussage, aufzubauen, erweist sich meist trotzdem als sinnvoll.

1. Die Ich-Botschaft ist in eine Du-Botschaft umgesetzt.
2. Das alte Muster «Ich bin okay, du bist okay – das Gespräch ist okay» verliert seine Gültigkeit.
3. Das Gesprächsverhalten des Gegenübers signalisiert: «Nicht okay!»

Sagen Sie es ihm.

> **Beispiel:**
> (Lächelnd): «Leider reiben wir uns immer wieder in gegenseitigen Vorwürfen und überflüssigen Anschuldigungen auf. Damit verfehlen wir unser Gesprächsziel. Bitte bleiben Sie doch beim Thema ...»

Ihre Chance ergreifen Sie nur dann mit den Wir-Botschaften, wenn der Gesprächspartner wirklich am Ergebnis des Gespräches interessiert ist.

Prägnant ist das «Bredemeier-Feedback», wenn die negativen Themen außen vor bleiben und der Gesprächspartner oder das Auditorium konsequent zur positiven Gesprächsführung motiviert wird.

Dieser Ansatz ist komplett neu – ich stelle mich bewusst damit gegen die bisher herrschende Feedbackkultur.

Doch: Es gibt keine goldenen Kommunikationsregeln mit Gültigkeit in jeder Situation. Einzige Ausnahme: *Es gibt keine goldene Kommunikationsregel!*

Gemäß des Rhetorik-Codes gilt:
1. Zeigen Sie positive Veränderungen auf.
2. Verankern Sie es positiv beim Gegenüber.
3. Zeigen Sie die entstehenden Vorteile auf.

Das Bredemeier-Feedbacksystem lässt sich jederzeit ergänzen oder modifizieren. Die Modifikation ist abhängig von Gesprächspartner, Gesprächsverlauf und Gesprächsziel.

Das neue Bredemeier-Feedback lautet gemäß des Rhetorik-Codes:

1. Veränderung (!) positiv (!) formuliert mittels Appell (Du-Botschaft!) ansprechen.
2. Die daraus resultierende Wirkung für den Gesprächspartner und den Gesprächsverlauf ableiten.

«Wording» (zum Auswendiglernen, aber gerne dann situativ zu modifizieren!) für das positive «Bredemeier-Feedback»: «Bitte bleiben Sie im Interesse an einer konstruktiven Lösung beim Thema und bleiben Sie in der Gesprächsführung sachlich. So erreichen wir innerhalb des gesetzten Zeitrahmens eine überzeugende und für beide Seiten befriedigende Lösung!»

Für Profis: Verwenden Sie das Bredemeier-Feedback auch für «normale» Feedback-Prozesse. Es setzt ein qualifiziertes Feedback und thematisiert eine qualifizierte Alternative gemäß dem Rhetorik-Code.

Beispiel:
«Herr Schulk, wiederholen Sie bitte Ihre Kernbotschaft und setzen Sie dann eine Wirkungspause an. Sie unterstreichen damit Ihre Botschaft und verankern diese effizient.»

Modifikation der alten Feedbackregeln in der Adaption an das neue System:
«Herr Schulk, mein Tipp: Sie wiederholen beispielsweise Ihre Kernbotschaft, dann setzen Sie eine gezielte Wirkungspause an, das Ergebnis liegt deutlich auf der Hand: Sie unterstreichen damit Ihre Botschaft und verankern diese effizient.»

Der Sprechzwang in der Rede – emotionale Ansteuerung des Unterbewussten

Wer unterbewusst mehrfach während des Gespräches oder der Rede abnickt, senkt seine emotionale Akzeptanzschwelle gegenüber neuen Informationen.

Dialoge leben von der Reaktion aufeinander, also dem Zunicken, dem kommentierenden «Ähhemm» oder anderen Kontaktverstärkern. Leider blenden wir diese dialogischen Reaktanzmuster im Monolog aus. *Ändern Sie es!*

Da ein Gegenüber Informationen in der Situation nicht bewerten, also verifizieren oder falsifizieren kann, sondern nur mit seiner subjektiven Erfahrung oder Einschätzung abgleicht, senken Sie ganz bewusst seine emotionale Akzeptanzschwelle. Gemäß soziopsychologischen Erkenntnissen steuern Sie damit die Bereitwilligkeit, sich auf neue Themen oder Informationen mit geringeren Vorurteilen einzulassen.

Beziehen Sie Gesprächspartner also inhaltlich ein, bringen Sie diese aber konsequent darüber hinaus zum Abnicken. Üben Sie den «Sprechzwang» aus.

Nehmen wir an, Ihr wegweisendes Referat ist zu Ende, die durchdachte Präsentation gelaufen, die prägnante Ansprache verhallt. Und das Echo?

Wie vor 1800 Jahren beim römischen Imperator bei Gladiatorenkämpfen hebt oder senkt sich der Daumen beim Publikum oder auch im Dialog beim Gegenüber.

Komplizierte Sachverhalte oder komplexe Themen in den schwierigen Passagen, optimal mit ausgefeilten Argumentationsstrukturen oder bei kritischer Reaktion mit noch weiteren, vertiefenden und erweiterten Überzeugungsmustern, sind nachhaltig durch den Rhetorik-Code verankert. Gelernt ist gelernt – lernen wir doch leider in teuer bezahlten Seminaren, Inhalte möglichst optimal zu präsentieren.

Vielfach sind wir allerdings nur darauf professionell trainiert, bei Referaten, Präsentationen oder in Gesprächen unsere Gesprächspartner inhaltlich einzubinden. Eine Notwendigkeit, die Ihnen mittels des Rhetorik-Codes sicher prägnant gelingt.

Doch ist in der Praxis festzustellen, dass kaum jemand in der Lage ist, Gesprächspartner so einzubinden, dass eine direkte Reaktion erfolgt, der Redner monologisiert – primär auf der inhaltlichen, informativen Ebene.

Doch was ist mit der kontaktiven Ebene der Kommunikation, wie bringen wir die Rezipienten konsequent zum *Ab-Nicken*?

Das «Ab-Nicken» senkt die emotionale Schwelle zur Akzeptanz bei Informationen, die das Gegenüber in situ nicht bewerten, also weder falsifizieren noch verifizieren kann.

Beispiel:
Sie reden bei einem wichtigen öffentlichen Auftritt, und im Anschluss an Ihr prägnantes Statement wirft Ihnen ein kritischer Zuhörer vor, Sie wären inhaltlich oberflächlich und somit auch unprofessionell.
Aber Sie beziehen nun deutlich nochmals Stellung: «Das schätzen Sie völlig falsch ein. Es ist erwiesen, dass ich in der überzeugenden Konzeption, aber auch in der erfolgreichen Implementierung professionell bin. Und diese Professionalität unterstreichen die Zahlen meines Unternehmens. Professionalität ist aber auch das, was ich bei Ihnen voraussetze!»
Und Ihr verblüffter Kritiker nickt diese Aussage ab.

Die Wirkung auf Gesprächspartner ist phänomenal. Da wirft ein Kritiker eine polemische Frage auf, tätigt eine persönlich degradierende Aussage. Sie parieren erstklassig und – Ihr Kritiker nickt verblüfft diese Replik ab. Das Publikum registriert dieses als Zustimmung. Es funktioniert – mit angewandtem Sprechzwang!

Natürlich gelingt das über Ansprache auf der Kontaktebene mit der direkten Replik unter konsequenter Einhaltung des Blickkontaktes.

Nutzen Sie deshalb in kleiner Runde wie auch im großen Plenum den «Sprechzwang», der sich in unseren Breitengraden nach 1,1 bis 2,1 Sekunden einstellt. Dies findet nicht auf der inhaltlichen, sondern auf der Kontaktebene statt.

Oder anders gesagt: Übertragen Sie professionell Dialogmuster auf den Monolog, indem Sie das Unterbewusstsein ansteuern.

Der Sprechzwang als Reaktionsmuster des «Abnickens» – Beispiele

- Flechten Sie Konsensformulierungen in Ihre Gesprächssequenz ein. Konsensformulierungen unterstreichen allgemeine Aussagen und beziehen Gesprächspartner mit ein – bei gleichzeitigem Abnicken. Wer sich nicht dem Nicken anschließt, schließt sich aus.
  Beispiel: «Jeder der sich intensiv mit Prozessmanagement beschäftigt hat, kennt dieses komplexe Thema.»
- Adressieren Sie Ihr Publikum mit Transferformulierungen. Damit transferieren/übertragen Sie die Kompetenz Ihrerseits auf die Zuhörer in einem Gremium oder einer Konferenz.
  Beispiel: «Und deshalb bestehen wir auf absolute Professionalität – Professionalität, die auch Ihr Unternehmen auszeichnet!»
- Sprechen Sie Gesprächspartner mit nach hinten gestellten Namen an. Der nach vorne gestellte Name zeitigt Aufmerksamkeit, der hinten an eine Aussage gehängte Name das Abnicken.
  Beispiel: «… ein System, das Sie bereits erfolgreich getestet haben, Herr Müllerschön!»

- Stellen Sie den Rückbezug her zum Gesprächspartner. Der Rückbezug sichert die Zustimmung.
Beispiel: «… ein Punkt, den Sie, Herr Mustermann, dankenswerterweise sehr ausführlich bei der letzten Konferenz angesprochen haben!»
- Bauen Sie Szenarien deshalb anders auf. Szenarien leiten wir häufig ein mit den Worten: «Stellen Sie sich einmal vor …» – damit erzielen wir eine erhöhte Aufmerksamkeit. Das Abnicken erzielen Sie jedoch als Rückgriff auf eine gemeinsame Erfahrung.
Beispiel: «Meine Damen und Herren, erinnern Sie sich an … – Sie kennen die Situation!»
- Setzen Sie konsequent Appelle ein, intensivieren Sie diese durch den Blickkontakt. Mit Appellen geben Sie Orientierung und Handlungsanleitung. Der Dank: das Abnicken.
Beispiel: «Und deshalb nutzen Sie Ihre Chance!»
- Schließen Sie wichtige Aussagen mit affirmativen/Bestätigungsformulierungen ab. Dies sind Bestätigungen, die das Gesagte abbinden.
Beispiel: «Das ist Fakt!», «… liegt auf der Hand!», «… logisch!» (Wirkungspause, Blickkontakt.)
- Setzen Sie die Erkenntnisse zum Blickkontakt professionell um! Beziehen Sie mit Blickkontakt nicht nur alle ein, sondern fokussieren Sie bei wichtigen Aussagen einen Gesprächspartner von Anfang bis Ende der Aussage und lassen Sie den Blick dann noch bei der Wirkpause bei diesem. Es entsteht Sprechzwang und ein Abnicken.
- Benutzen Sie wertschätzende Aussagen. Wertschätzende Aussagen verankern die Beziehungsebene und steigern den Respekt in der Ansprache.
Beispiel: «Und als professionelle Investmentbanker wissen Sie, wovon ich jetzt spreche, nämlich dass …!»

Natürlich benötigen wir nicht «Dauernicker» wie aus der VW-Wackeldackelwerbung als Gesprächspartner, aber indem Sie sie zum Abnicken bringen, steigern Sie damit die konsequente Einbeziehung Ihrer Zuhörer. Sie verstärken Ihre inhaltliche Argumentation auf der Kontaktebene. Nutzen Sie diese aus soziopsychologischen Erkenntnissen abgeleitete Technik.

Dieses Reaktanzmuster zielt auf das Unterbewusstsein, nutzt bekannte dialektische Muster aus der Gesprächsführung und überträgt diese auf die monologische Ansprache.

Das deutliche Ergebnis: Der Daumen des Rezipienten geht auch bei inhaltlichen Differenzierungen nach oben!

Small Talk ist die Kunst, alles Nichtssagende so zu formulieren, dass nichts Unwesentliches ungesagt bleibt.

Der Rhetorik-Code gibt Orientierung und sichert Ergebnisse.

Anhang

Besonderheiten des Rethorik-Codes

Wie spezifisch der Rhetorik-Code bei finanz- oder bör-
senrelevanten Informationen angewendet werden
kann, zeigt der Appendix eines Pharmaunternehmes,
der den jeweiligen Pressemitteilungen angehängt ist.

Um den Rhetorik-Code bei Börsengängen, Haupt-
versammlungen und auch Pressekonferenzen trotzdem beizubehalten, sind die Formulierungen im Einzelnen zu überprüfen.

Damit hebt sich der Widerspruch auf.

Für rund zehn Seiten Text ergibt sich ein Arbeits-
aufwand von etwa drei bis fünf Stunden im Gespräch
mit einem sprachlich versierten Gegenüber.

**Beispiel eines Pharma-Unternehmens/
Pressetext-Anhangs:**

«Zukunftsgerichtete Aussagen:
Diese Pressemitteilung enthält zukunftsgerichtete Aussagen
(forward-looking statements), wie im U.S. Private Securities
Litigation Reform Act aus dem Jahr 1995 definiert.
Zukunftsgerichtete Aussagen sind keine historischen Tatsa-
chen. Sie enthalten finanzielle Prognosen und Schätzungen
und deren zugrunde gelegte Annahmen, Aussagen im Hin-
blick auf Pläne, Ziele und Erwartungen mit Blick auf zukünftige Geschäfte, Produkte und Dienstleistungen sowie Aus-

sagen mit Blick auf zukünftige Leistungen. Zukunftsgerichtete Aussagen sind grundsätzlich gekennzeichnet durch die Worte ‹erwartet›, ‹geht davon aus›, ‹glaubt›, ‹beabsichtigt›, ‹schätzt› und ähnliche Ausdrücke.

Obwohl die Geschäftsleitung von XXX glaubt, dass die Erwartungen, die sich in solchen zukunftsgerichteten Aussagen widerspiegeln, vernünftig sind, sollten Investoren gewarnt sein, dass zukunftsgerichtete Informationen und Aussagen einer Vielzahl von Risiken und Unsicherheiten unterworfen sind, von denen viele schwierig vorauszusagen sind und grundsätzlich außerhalb des Einflussbereiches von XXX liegen und dazu führen können, dass die tatsächlich erzielten Ergebnisse und Entwicklungen erheblich von denen abweichen, die in den zukunftsgerichteten Informationen und Aussagen ausdrücklich oder indirekt enthalten sind oder in diesen prognostiziert werden.

Zu diesen Risiken und Unsicherheiten zählen unter anderem die in den an die ABC und DEF übermittelten Veröffentlichungen von XXX angegebenen oder erörterten Risiken und Unsicherheiten, einschließlich der in den Abschnitten ‹Zukunftsorientierte Aussagen› und ‹Risikofaktoren› in Formular 2X des Konzernabschlusses von XXX für das zum Geschäftsjahr mit Ende zum 31. Dezember 2008 angegebenen Risiken und Unsicherheiten. Soweit nicht gesetzlich vorgeschrieben, übernimmt XXX keine Verpflichtung, zukunftsgerichtete Informationen und Aussagen zu aktualisieren oder zu ergänzen.»

Übungen

1. Um den Rhetorik-Code zu üben, nehmen Sie Kurzgeschichten oder Zeitungsartikel zur Hand und korrigieren Sie diese mittels der vorgegebenen Regeln.
2. Als Teilnehmer einer Konferenz oder eines Meetings nehmen Sie sich bitte immer eine Regel respektive ein Kapitel des Rhetorik-Codes zur Hand und üben deren Anwendung.
   - Phase 1: Checken Sie bitte die Aussagen der Teilnehmer mit der jeweiligen Regel gegen und verbessern diese gedanklich.
   - Phase 2: Wenden Sie während der Sitzung bewusst immer eine Regel an. Fokussieren Sie sich auf diese Regel und üben Sie die Anwendung derselben.
3. Nehmen Sie wichtige Gesprächssequenzen frei formulierend mit dem Diktiergerät auf – und checken Sie diese mit den Regeln gegen.

Literatur

Die nachfolgend angegebene Literatur stellt nur eine Auswahl der vorhandenen oder benutzten Literatur dar, die einige grundlegende oder besonders interessante Werke zur Orientierung nennt.

Auf besonders empfehlenswerte Literatur weist *Kursivdruck* hin.

Für weitere interessante oder ausgefallene Literaturhinweise bin ich dankbar!

Aebli, H.: Zwölf Grundformen des Lernens. Stgt. 1983.

Altmann, H. Ch.: Überzeugend reden, verhandeln, argumentieren. München 1992.

Ani, A.: Praxis der Projektplanung mit Netzplantechnik. Köln 1971.

Anton, K.-H.: Mit List und Tücke argumentieren. Wiesbaden 1995.

Apitz, K.: Konflikte – Krisen – Katastrophen. Präventivmaßnahmen gegen Imageverlust. Frankfurt am Main, Wiesbaden 1987.

Argyle, M.: Körpersprache und Kommunikation. 5. Aufl., Paderborn 1989.

Baddeley, A.: So denkt der Mensch. München 1986.

Balck, H.: Neuorientierung im Projektmanagement. Köln 1989.

Bambeck, J./Wolters, A.: Brainpower. München 1991.

Baumer, Th.: Handbuch Interkulturelle Kompetenz. Zürich 2002.

Becker, B.: Entscheidungen. Bremen 1991.

Bendixen, P./Kammler, H.: Planung, Organisation und Methodik innovativer Entwicklungsprozesse. Berlin 1977.

Berckhan, B.: Die etwas intelligentere Art, mit dummen Sprüchen umzugehen, München 1998.

Bertelsmann Stiftung (Hrsg.): Politik überzeugend vermitteln. Wahlkampfstrategien in Deutschland und den USA. Gütersloh 1996.

Birkenbihl, V.: Erfolgstraining. 4. Aufl., München/ Landsberg 1992.

Birkenbihl, V.: Stroh im Kopf? 21. Aufl., München/ Landsberg 1995.

Birkenbihl, V.: Psycho-logisch richtig verhandeln. 6. Aufl., München/Landsberg 1990.

Blazek, A.: Projekt-Controlling, Starnberg 1991.

Böning, U.: Moderieren mit System. Wiesbaden 1991.

Bono, E. de: Taktiken und Strategien erfolgreicher
Menschen. 2. Aufl.1995.

Brandstätter, G., u.a.: Fehler im Projektmanagement. In:
Zeitschrift für Führung und Organisation 57/1988.

Bredemeier, K.: Schwarze Rhetorik. 4. Aufl., Zürich 2005.

Bredemeier, K.: Provokative Rhetorik? Schlagfertigkeit!
8. Aufl., Zürich 2003.

Bredemeier, K.: Medienpower. Erfolgreiche Kontakte zu
Presse, Funk und Fernsehen. Zürich-Wiesbaden 1991.
– Als Taschenbuch redigiert, Düsseldorf 1993.

Bredemeier, K./Schlegel, H.: Die Kunst der Visualisierung.
Zürich-Wiesbaden 1991.
– Als Taschenbuch redigiert, Düsseldorf 1994.

Bredemeier, K.: Fernsehtraining. Zürich-Wiesbaden 1993.

Bredemeier, K., u.a.: Führungswissen punktuell. Wiesbaden
1992.

Bredemeier, K., u.a.: Führungspower. Wiesbaden 1993.

Bredemeier, K.: Gewissensverständnis. Baden-Baden 1992.

Bredemeier, K./Neumann, R.: Kreaktiv-PR. Zürich – Köln
1997.

Bredemeier, K.: Nie wieder sprachlos! 4. Aufl., Zürich 2001.
– Als Taschenbuch redigiert (4. Aufl.).

Bredemeier, K.: Nie wieder sprachlos! Hörbuch,
4 Kassetten, Rusch-Verlag. Konstanz 1999.

Bredemeier, K.: Der TV-Crashkurs. Zürich 2000.

Bredemeier, K.: Schlagfertigkeit – Das Arbeitsbuch.
Zürich 2003.

Bredemeier, K./Gross, I.: Provokatives Verkaufen?
GesprächsVerführung, Zürich 2006.

Briggs, J./Peat, F. D.: Die Entdeckung des Chaos. München
1993.

Businessbestseller summaries Nr. 153. Karsten Bredemeier:
Provokative Rhetorik? Nie wieder sprachlos! F.A.Z.-
Institut.

Buzan, Tony: Nichts vergessen! Kopftraining für ein Super-
gedächtnis. München 1986.

Capra, F.: Wendezeit. Bausteine für ein neues Weltbild. Bern 1983.

Casdorff, H.: MedienPraxis für Manager. Düsseldorf 1991.

Comenius, J.: Orbis sensualium pictus. Dortmund 1979.

Cornelsen Verlag: Deutschbuch für die gymnasiale Unterstufe, 6. Klasse NRW.

Cornelsen, Cl.: Lila Kühe leben länger. Frankfurt am Main/Wien 2001.

Correll, W.: Motivation und Überzeugung in Führung und Verkauf. Landsberg 1983.

Crainer, St.: Die Jack Welch Methode. 3. Aufl. Wien/Frankfurt am Main 2002.

Delp, L.: Das gesamte Recht der Publizistik. Neuwied o. J.

Döring, K.: Lehren in der Weiterbildung. Weinheim 1988.

Doppler/Lauterburg: Changemanagement. Frankfurt am Main 1994.

Drucker, P. F.: Die postkapitalistische Gesellschaft. Düsseldorf 1993.

Drucker, P. F.: Schlüsseljahre. Stationen meines Lebens. Frankfurt am Main 2002.

Duden. – Das Fremdwörterbuch – Neu, 7. Aufl. Mannheim-Leipzig-Wien-Zürich.

– Die deutsche Rechtschreibung, 22. Aufl., Mannheim-Wien-Zürich.

– Die Grammatik, 6. Aufl., Mannheim-Leipzig-Wien-Zürich.

Ebeling, P.: Rhetorik. Stuttgart 1986.

Edmüller, A./Wilhelm, T.: Manipulationstechniken. Planegg 1999.

Eibl-Eibesfeldt, I.: Grundriss der vergleichenden Verhaltensforschung. Zürich 1978.

Eibl-Eibesfeldt, I.: Kalkulierte Reue. Interview in: Focus, 15.5. 2001, S. 100f.

Ekman, P./Friesen. W. V.: Ummasking the Face. Prentice Hall. Englewood Cliffs, NJ 1975.

Eppler, E: Kavalleriepferde beim Hornsignal.
Die Krise der Politik im Spiegel der Sprache. Frankfurt
am Main 1992.

Erny, Hansjörg: Fit für die Medien. Zürich 1999.

Farrelly, F.: Provokative Therapie. Berlin 1986.

Ferguson, M.: Public Communication – The New
Imperatives. London 1993.

Field, S./Märthesheimer, P./Längsfeld, W.: Drehbuch-
schreiben für Fernsehen und Film. 2. Aufl., München
1990.

Fowles, J.: Why Viewers Watch. London 1992.

Freitag, E. F.: Die Macht Ihres Bewusstseins. München
2000.

Frese, E.: Einführung in das Projektmanagement. München
1980.

Frey, S.: Die Macht des Bildes. Bern 1999.

Fricke, G.: Recht für Journalisten. München 1995.

Geissner, H. K.; Der Fünfsatz. Ein Kapitel Redetheorie und
Redepädagogik. In: Wirkendes Wort 4/1968, S. 258ff.

Geissner, H. K.:, Rhetorik und politische Bildung. 3. erw.
Aufl., Königstein 1986.

Geissner, H. K.: Fünfsatz. In: Historisches Wörterbuch der
Rhetorik, Bd. 3. Tübingen 1996, S. 484–487.

Geissner, H. K.: Sprecherziehung. Didaktik der mündlichen
Kommunikation. 2. Aufl., Königstein 1982.

Geretschläger, K.: Medientechnik I. München 1983.

Gerken, G.: Geist. Düsseldorf 1992.

Gesellschaft für Projektmanagement/RKW:
Projektmanagement, Bd. 1 + 2, Eschborn 1991.

Geyer, P./Hagenbüchle, R. (Hrsg.): Das Paradox.
Tübingen 1992.

Geyer, P.: Das Paradox. In: Geyer/Hagenbüchle:
Das Paradox. Tübingen 1992, S. 11ff.

Goffman, E.: Wir alle spielen Theater. Die Selbstdarstellung
im Alltag. München 1988.

Goleman, D.: Emotionale Intelligenz, München 1995.

Goossens, F.: Erfolgreiche Konferenzen und Verhand-
lungen. Landsberg 1987.

Gordon, Th.: Familienkonferenz. Hamburg 1972.

Gordon, Th.: Managerkonferenz. Reinbek 1982.

Graichen,W.: Das ABC der Arbeitsfreude. Speyer 1988.

Guirdham, M.: Interpersonal Skills at Work. London 1995.

Hagenbüchle, R.: Was heißt paradox?. In: Geyer/Hagen-
büchle: Das Paradox. Tübingen 1992, S. 27ff.

Halbfas, H.: Das Dritte Auge. 4. Aufl., München 1989.

Haller, M.: Das Interview. München 1991.

Haller, M.: Recherchieren. 4. Aufl., München 1991.

Hammer, M./Champy, J.: Business Reengineering. 2. Aufl.,
Frankfurt am Main/New York 1994.

Harpprecht, K.: Medien-Faschismus? In: manager magazin
7/94.

Harris, Th.: Ich bin o. k. – Du bist o. k. Hamburg 1973.

Heintel, P., u. a.: Projektmanagement – Eine Antwort auf die
Hierarchiekrise?, Wiesbaden 1988.

Heller, E.: Wie Farben wirken. Reinbek 1989.

Heyman, R. Warum haben Sie das nicht gleich gesagt? Zürich 1998.

Hierhold, E.: Sicher präsentieren, wirksamer vortragen.
4. überarb. Aufl., Frankfurt am Main 1998.

Hildebrandt, D.: Vater unser – gleich nach der
Werbung. München 2001.

Hodgson, J.: Das souveräne Verhandlungsgespräch.
Niedernhausen 1998.

Huber, W.: Sprachfallen und Denkunfälle. In: Geyer/Hagen-
büchler. Das Paradox. Tübingen 1992, S. 131ff.

Jahncke, R.: Sprechtechnik und Redekunst. München 1988.

Jonas, H.: Das Prinzip Verantwortung. Frankfurt a.M. 1979.

Kellner, H.: Die Kunst, DV-Projekte zum Erfolg zu führen.
München/Wien 1994.

Kellner, H.: Konferenzen, Sitzungen, Workshops effizient
gestalten. München/Wien 1995.

Keplinger, W.: Merkmale erfolgreichen Projektmanagements. Graz 1991.

Kirschner, J.: Manipulieren – aber richtig. München 1976.

Kiyoshi, S.: Die ungenutzten Potentiale. München 1994.

Klimke, R./Schott, B.: Die Kunst der Krisen-PR. Paderborn 1993.

Köster, S. A.: Mit NLP zum Erfolg. Offenbach 1995.

Krämer, W.: So lügt man mit Statistik. 4. Aufl., Frankfurt am Main 1992.

Kreuzer, H./Prümm, K.: Fernsehsendungen und ihre Formen. Stuttgart 1979.

Krüger, W.: Projektmanagement in der Krise. Frankfurt am Main 1986.

Lay, R.: Führen durch das Wort. Frankfurt am Main 1987.

Lay, R.: Wie man sich Feinde schafft. Düsseldorf 1994.

Lay, R.: Dialektik für Manager. Frankfurt am Main 1979.

Lazarus, A.: Fallstricke des Lebens. Stuttgart 1999.

Lec, St. J.: Sämtliche unfrisierte Gedanken. 2. Aufl., München 2002.

Lejeune, E. J.: Mr. Chip. München. 2001.

Leuninger, H.: Danke und Tschüss fürs Mitnehmen. Zürich 1996.

Leuninger, H.: Reden ist Silber, Schweigen ist Gold. Zürich 1993.

Liebenau, F. v./Schönberger, M. (Hrsg.): Das Große Buch der Anekdoten von A–Z, München 1991.

Lippe, J. von der: Witzparade. München 1984.

Lyle, J.: Body Language, London 1990.

Maddaus, B. J.: Handbuch Projektmanagement. 3. Aufl., o. O. 1990.

Malik, F.: Systemisches Management, Evolution, Selbstorganisation. Stuttgart-Bern 1993.

Marten, R./Schreiber, G.: Überzeugend reden vor Publikum. München 2000.

Martini, C. M./Eco, U.: Woran glaubt, wer nicht glaubt? 2. Aufl., München 2000.

Maywald, F.: Der Narr und das Management. 2. Aufl., München 2001.

Maywald, F.: Struwelpeter für Manager. München 2002

Mees, J., u. a.: Projektmanagement in neuen Dimensionen. 2. Aufl., Wiesbaden 1995.

Merten/Teipen: Empirische Kommunikationsforschung. München 1991.

Modellversuch Journalisten-Weiterbildung (Hrsg): Fernstudium Kommunikationswissenschaft.
Teil 1, 2. Aufl., München 1989.
Teil 2, 2. Aufl., München 1989.

Moores, S.: Interpreting Audiences. London 1993.

Morfill, G./Scheingaber, H.: Chaos ist überall ... und es funktioniert. Frankfurt am Main 1991.

Müller, H.: Gesprächstraining. Dialektik für Manager. Zürich 1997.

Murphy, J.: Die Macht Ihres Unterbewusstseins. 68. Aufl., München 2001.

Nadolny, S.: ER oder ICH. München 1999.

Nadolny, S.: Ein Gott der Frechheit. München 1997.

Neumann, R.: Projektmanagement. Booklet des Personal Potential, Stuttgart 1995.

Neumann, R.: Projektmanagement von A–Z, Frankfurt am Main, New York, 1996.

Neumann, R.: Target Talking. Das erfolgreiche Mitarbeitergespräch. (Hörbuch) Zürich 1997.

Niermeyer, R.: Coaching – sich und andere zum Erfolg führen. 3. Aufl., München 2003.

Nölke, M.: Schlagfertigkeit. Das Trainingsbuch, München 2002.

Oetinger, B. v.: Das Boston Consulting Strategie Buch. Düsseldorf 1995.

Ötsch, W.: Haider light. Handbuch für Demagogie. Wien 2000.

Patterson, T. E.: Out of Order. New York 1994.

Peter, B./Geri, W.: Entspannung. München 1991.

Pinker, S.: Der Sprachinstinkt, München 1998.

Pipes, D.: Verschwörung. Faszination und Macht des Geheimen. München 1998.

Poehm, M.: Das NonPlusUltra der Schlagfertigkeit. München 2002.

Popper, R./Ludwig, J.-C.: Bosse nach Wahl. Berlin 1997.

Postman, N.: Wir amüsieren uns zu Tode, Frankfurt am Main 1988.

Projektteam Lokaljournalisten: ABC des Journalismus. 6. Aufl., München 1990.

Projektteam Lokaljournalisten: Journalismus und kommunale Öffentlichkeitsarbeit. München 1979.

Pürer (Hrsg.): Praktischer Journalismus in Zeitung, Radio und Fernsehen. München 1991.

Pursch, Günter: Das große Parlamentarische Schimpfwörterbuch. 2. Aufl., München 1989.

Recardo, R. J., u. a.: Teams. Houston 1996.

Richardson, J.: Erfolgreich kommunizieren. München 1992.

Rifkins, J.: Access. Frankfurt am Main 2002.

Ruede-Wissmann, W.: Auf alle Fälle Recht behalten. München 1989.

Ruede-Wissmann, W.: Super Selling. München 1989.

Ruhleder, R. H.: Rhetorik-Dialektik-Kinesik. 7. Aufl., Harzburg 1984.

Ruhleder, R. H: Ruhleders Sprüche und Zitate. Würzburg 1994.

Scannell, P.: Broadcast Talk. London 1991.

Schacter, D.: Wie wir erinnern und vergessen. Blackouts. Bergisch Gladbach 2005.

Schaller, B.: Die Macht der Sprache. München 1998.

Scheler, U.: Gekonnt präsentieren. Offenbach 1996.

Schirm, R. W./Vogl, R.: Kürzer, knapper, präziser. IMM 20.

Schopenhauer, A.: Eristische Dialektik. Zürich 1983.

Schneider, S.: Sag die Wahrheit. Cosmopolitan 5/99, S. 151ff.

Schneider, W.: Lingua Blablativa. In: Spiegel Spezial 1/95.

Schneider, W.: Wörter machen Leute. 7. Aufl., München/Zürich 1994.

Schult, G./Buchholz, A.: Fernsehjournalismus. Ein Handbuch für Ausbildung und Praxis. 3. Aufl., München 1990.

Seifert, J.W.: Meetings moderieren. Offenbach 1999.

Shell AG: Die Ereignisse um Brent Spar in Deutschland, Broschüre. Hamburg 1996.

Sickel, Chr.: Mein Leben heisst Umsatz. Zürich 1998.

Siebert, H.: Der Kobra-Effekt. Wie man Irrwege der Wirtschaftspolitik vermeidet. 3. Aufl., München 2001.

Spiegel Spezial: Die Journalisten – Ärgernis Presse. Hamburg 1/95.

Steinbrecher/Weiske: Die Talkshow. München 1992.

Tange, E. G.: Der boshafte Zitatenschatz. Frankfurt am Main o. J.

Thomson, A.: Argumentieren – und wie man es gleich richtig macht. Stuttgart 2001.

Urban, D.: Chancen für Querdenker. Zürich 1996.

Vasata,V.: Radical Brand. Überleben in der Sintflut. Düsseldorf 2000.

Vester, F.: Denken, Lernen, Vergessen. München 1978.

Vollmer, Gerhard: Paradoxien und Antinomien. In: Geyer, P./Hagenbüchle, R., Das Paradox. Tübingen 1992, S. 152ff.

Walther, G.: Sag, was Du meinst, und Du bekommst, was Du willst. 18. Auflage. Düsseldorf, 2001

Watzlawick, P. u. a.: Menschliche Kommunikation. München-Bern 1982.

Watzlawick, P.: Vom Schlechten des Guten oder Hekates Lösungen. München 1991.

Watzlawick, P.: Wie wirklich ist die Wirklichkeit? 19. Aufl., München 1991.

Watzlawick, P.: Die Möglichkeit des Andersseins. 2. Aufl., München 1982.

Watzlawick, P.: Die erfundene Wirklichkeit. München 1981.

Weissman, A. MarketingStrategie, 10 Stufen zum
    Erfolg. 4. Aufl., Landsberg/Lech 1994.
Weissman, A., u. a.: Sinnergie. Zürich 1997.
Wiedemann, P.: Krisenkommunikation. IZE Frankfurt
am Main o. A.
Wittchen, H.-U., u. a.: Ich vermisse nichts. München 2000
Wittgenstein, L.: Tractatus logico-philosophicus. Frankfurt
    am Main 1999.
Wrede-Grischkat, R.: Manieren und Karriere.
    Verhaltensnormen für Führungskräfte. Wiesbaden 1990.
Wunderlich, D.: Arbeitsbuch Semantik. 2. Aufl., Frankfurt
    am Main 1991.
Zelesnay, G.: Wie aus Zahlen Bilder werden. Wiesbaden
    1985.
Zink, F.: Wendezeit für Manager. Wege zu einer neuen
    Unternehmenskultur. Frankfurt am Main 1994.

Ferner sind Artikel in Zeitschriften und Zeitungen ausgewertet, die nur in besonderen Fällen in der Anmerkung genannt oder als Quelle direkt angegeben sind.

Erleben Sie Prof. Dr. Karsten Bredemeier live!

Inspirierend – Provokativ - Richtungsweisend

Die Seminare des gefragten Kommunikations- und Medientrainers exklusiv bei Global Competence Forum!

Die Essenz der Rhetorik

**Die Entschlüsselung des Rhetorik-Codes:
Das Top-Training zu diesem Buch!**

Professionelle Kommunikation unterliegt knallharten Regeln. Dieses Seminar entschlüsselt den Rhetorik-Code, der sprachliche Performance auf der Basis neurolinguistischer Erkenntnisse absichert. Schluss mit verbalen Insolvenzanträgen!

Schwarze Rhetorik

Macht und Magie der richtigen Gesprächsführung

Erfahren Sie, wie Sie Gespräche zielorientierter dominieren und typische Argumentationsfallen aushebeln. Geben Sie Gespräche nie wieder aus der Hand! Reizen Sie alle zur Verfügung stehenden Mittel und Instrumente auf sprachlicher Ebene aus!

Nie wieder sprachlos!

**Souverän in harten Diskussionen!
Umgang mit provokativer Rhetorik!**

Dieses Seminar räumt auf mit tradierten Kommunikationsregeln und hinterfragt bissig unsinnige Kommunikationstipps. Es bietet aktuelle, individuell geprägte Verhaltensregeln und zeigt eine Rhetorik, die an die Grenzen geht und mehr erreicht!

Provokatives Verkaufen

Revolutionäre Ansätze im Verkauf jenseits von Harvard und anderen Klassikern

Es ist Zeit für «Revolutionäres» im Verkauf. Dieses Seminar durchbricht klassische Verhandlungsmuster und unterzieht Etabliertes kritischen Prüfungen. Platzieren Sie Ihre Argumente überzeugender und generieren Sie schneller Verkaufsabschlüsse!

Global Competence Forum GmbH
Schlossbergstraße 10; D–72070 Tübingen
Tel. +49 7071 55970; Fax +49 7071 559730
info@gcforum.de; www.gcforum.de

Global Competence forum